국제 그랜드마스터
김 알렉세이로부터 배우는

체 스

국제 그랜드마스터 **김 알렉세이**로부터 배우는

체스

1판 1쇄 인쇄 _ 2005년 6월 10일
1판 1쇄 발행 _ 2005년 6월 15일

지은이 _ 김 알렉세이
옮긴이 _ 구본일
발행인 _ 김철영
펴낸곳 _ 전원문화사
등록 _ 1997. 5. 23. 제6-23호
주소 _ 서울시 강서구 등촌3동 에이스테크노타워 203호
전화 _ 02-6735-2102
팩스 _ 02-6735-2103

ISBN 89-333-0416-9 03690

국제 그랜드마스터
김 알렉세이로부터 배우는

체스

김 알렉세이 지음 구본일 옮김

⅏ 전원문화사

인사말

한국의 독자 여러분, 안녕하십니까? 저는 러시아에 살고 있는 고려인 4세입니다.

이번에 한국에서 체스 책을 출간하게 되어 매우 기쁩니다. 한국은 저에게 특별한 의미가 있는 나라입니다. 생소하면서도 조상의 숨결이 살아 있는 친근한 곳입니다. 1998년 대한 체육회 초청으로 처음 고국 나들이를 하게 되었을 때 한국에도 적지 않은 체스 애호가들과 꿈나무들이 있다는 사실을 전해 듣고 무척이나 기쁘고 설레었던 기억이 납니다. 이번 기회를 빌어 한국의 체스 애호가들과 체스에 몸담고 계신 모든 분들께 인사를 드립니다.

이 책이 출판되는 데까지 많은 분들의 도움이 있었습니다. 기꺼이 출간을 허락해 주신 전원문화사의 김철영 사장님, 번역을 맡아 주신 모스크바대학에서 박사과정을 밟고 있는 구본일 선생님, 수시로 모스크바와 연결하여 대소사를 챙겨 주신 홍경령 사장님께 깊은 감사의 말씀을 전하고자 합니다. 또한 저의 첫번째 체스 스승이시며 제 몸에 한국인의 피가 흐르고 있다는 것을 일깨워 주신 돌아가신 할아버지와 저의 기쁨과 좌절을 함께하시며 항상 용기를 북돋아 주시고 충고와 사랑을 아낌없이 주시는 저의 든든한 후원자이신 부모님께 머리 숙여 감사드립니다.

2005년 6월 러시아 모스크바에서

김 알렉세이

FIDE

GENS UNA SUMUS

FEDERATION INTERNATIONALE DES ECHECS
WORLD CHESS FEDERATION
МЕЖДУНАРОДНАЯ ШАХМАТНАЯ ФЕДЕРАЦИЯ
WELTSCHACHBUND
FEDERACION INTERNACIONAL DE AJEDREZ

F.I.D.E. F.I.D.E. F.I.D.E. F.I.D.E. F.I.D.E. F.I.D.E. F.I.D.E. F.I.D.E. F.I.D.E. F.I.D.E. F.I.D.E. F.I.D.

By this diploma I confirm that

Kim Alexey
Russia

has obtained the title of

International Grandmaster

in the year 2004

....
President

2002년 주 러시아 한국대사 정태익과 함께.

2002년 스페인에서 개최된 세계챔피언 대회에 참가했다.

1998년 스페인에서 개최된 세계챔피언 대회에 참가했다.

2001년 인도 출신 세계챔피언 아난드와 함께.

1999년 모스크바 카스파로프컵(Gary Kasparov Cup) 대회에 참가했다.

가족과 함께.

1998년 현(現) 세계 챔피언 개리 카스파로프에게 사인을 받는 모습.

모스크바 챔피언 수상.

전(前) 세계 챔피언 아나톨리 카르포프와 함께.

АРИРАН

아리랑

ГАЗЕТА
ФЕДЕРАЛЬНОЙ
НАЦИОНАЛЬНО-КУЛЬТУРНОЙ
АВТОНОМИИ
РОССИЙСКИХ КОРЕЙЦЕВ

2001, ИЮЛЬ, № 3

3

СЕРГЕЙ ЛЮ ПЕРЕИЗБРАН ПРЕЗИДЕНТОМ ОКБР

4

НОВОСЕЛЬЕ НА ЛЕНИНГРАДСКОМ ПРОСПЕКТЕ

5

«САМСУНГ» И 40 000 МОСКВИЧЕЙ

8-9

Отныне — пятнадцатилетний москвич Алеша КИМ — международный мастер по шахматам. Сумеет ли пробиться в мировую шахматную элиту?

11

2001년 동포신문 〈아리랑〉 1면에 소개됨.

추천사

　제가 처음으로 알렉세이군을 알게 된 것은 수년 전 제주도 전국체전 때 대한체육회가 러시아 교포 4세인 체스 영재를 초청했다는 기사를 통해서 입니다. 그때 사진으로 본 알렉세이군은 어린 소년으로 총기 있는 눈이 아주 인상적이었습니다. 그러던 중 나카무라라는 일본계 선수가 미국 체스계를 석권했다는 소식을 들었을 때 불현듯 알렉세이군이 생각났습니다. 그리고 빨리 알렉세이군이 한국인을 대표하여 세계 체스계에 두각을 나타내야 할 텐데 하는 조바심이 들었습니다.

　2003년 10월 말경 FIDE(세계체스연맹) 사이트에서 알렉세이가 GM(그랜드마스터)의 자격을 얻었다는 기사를 보았습니다. '아! 이제는 우리도 그랜드마스터를 갖게 되었구나!' 한편으로는 기쁘면서 다른 한편으로는 세계참피언 알렉세이를 기대하게 되었습니다.

　이번에 출간되는 《국제 그랜드마스터 김 알렉세이로부터 배우는 체스》가 체스를 처음 시작하는 초보자부터 체계적인 공부를 할 수 있는 좋은 교과서가 될 것을 확신합니다.

　체스의 무궁한 발전을 기원합니다.

2005년 6월
전 국정홍보처장 정순균

머리말

    이 책은 그 역사가 1500년을 넘어서는 지적이고 흥미로운 게임인 체스의 새로운 애호가들을 위한 것이다. 오늘날 체스는 육대양 오대주 어느 대륙에서나 즐기는 게임이 되었다. 체스는 세계적인 고급문화로 잘 정착되었으며 인류 전체의 자산이 되었다. 현재 150개 국 이상이 세계체스연맹(FIDE)에 가입하고 있다.

    고대로부터 유래된 이 게임이 현대에 와서는 기술 문명, 컴퓨터, 인터넷 등으로 가득 찬 우리의 삶과 훌륭하게 접목될 수 있다. 컴퓨터 게임의 시대인 오늘날, 체스는 많은 게임들 가운데 의미를 잃지 않았을 뿐만 아니라 가장 지적인 게임으로서, 전 세계의 청소년들 사이에서 점점 흥미를 불러일으키고 있다.

    현재 유럽과 미국의 초등학교에서 체스 기초교육이 이루어지고 있다. 이는 체스가 아이들의 지적 능력 발달을 돕기 때문이다. 현재 세계적으로 어린이들과 젊은이들을 위한 수천 개의 체스 동호회와 클럽이 활동하고 있으며, 다양한 연령층의 애호가들 사이에서 크고 작은 많은 체스 대회가 열리고 있다. 체스는 세계에서 가장 인기 있는 게임이 되었으며 날로 그 인기를 더해 가고 있다. 이 모든 것은 체스의 다채로움에 기인한다.

    체스는 예술과 과학과 스포츠의 특성을 동시에 갖는다. 예술로서의 체스 게임은 창조적인 것이다. 상상력을 자극하고 새로운 생각들을 낳는다. 체스 게임은 조화로움과 아름다움을 갖고 있으며 충분한 미적 만족감을 가져다 줄 수 있다. 창조적인 과정으로서 체스 게임은 경기자에게 영감과 직관을 요구하며 이를 통해 인간 안에 있는 창조적 능력을 발달시킨다.

스포츠로서 체스 게임은 전투이다. 승리를 지향하는 것으로 충만해 있어 이 게임은 집요함과 자신의 의지를 상대방에게 관철시키는 능력, 극도의 집중 기술을 기를 수 있게 해주며 인내와 지구력을 발달시킨다. 체스는 경솔함을 용납하지 않는다. 단호함과 자신을 다스리는 법을 배울 수 있게 하며 성격을 단련시킨다. 체스는 상대방뿐 아니라 자신에게도 객관적일 수 있게 하는 태도를 훈련시킨다. 경기에 참여하면서 체스 경기자는 인간 심리의 바탕을 이해하게 된다. 더불어 체스는 시간의 가치를 배우게 한다. 과학으로서 체스는 논리력과 순차적 사고 능력을 발달시키며 자신의 수와 상대방의 대응수를 읽어내는 능력과 정확하고 올바른 결정을 내릴 수 있는 능력을 길러 주며 장면마다의 구체적인 상황에 담겨진 체스적 진리를 발견하고 분석해내는 힘을 길러 준다. 체스는 추상적 사고, 지적 능력과 기억력을 발달시키고 자주적인 사고의 습관을 기르게 하며 탐구적인 작업을 좋아하는 습성을 몸에 배게 한다.

체스는 이를 향유하기로 결정한 이들에게 의심할 여지없이 유익한 것이다. 어려서부터 체스를 체험한다면 그 안에 담겨진 보편적인 인간 문화의 주요 영역인 예술, 과학, 스포츠적인 것을 통해 인격의 조화로운 성장을 도울 수 있을 것이다. 체스는 창조적 인격의 발달을 돕는 독특한 도구이다. 이 지혜로운 게임 덕분에 아이들은 일찍 창조 활동의 기쁨을 알게 되며 자신을 창조적 인간으로 느끼기 시작하게 한다. 이것은 그들과 이후로 계속 함께 하게 될 것이고, 그들이 체스의 그랜드 마스터가 되지 못한다고 해도 미래에 자신이 선택한 어떤 분야에서도 창조적 인격으로 성장하는 데 이바지할 수 있을 것이다.

머리말

제1부

제2부

독립적 해결을 위해 __ 정답

제1부

CHESS

서론

"체스는 축소판 인생이다."

– 개리 가스파로프

이 책은 무엇보다 아이들을 위한 것이다. 놀이를 통해 아이들은 주변 세계를 지각한다. 이 책의 출판은 아이들에게 그 자체로 하나의 세계를 이루며 '축소판 인생'이라 불리는 체스라는 독특한 놀이와의 만남을 주선하려는 희망에 의해 기획되었다. 이 놀이의 역사는 천년이 넘었지만, 바로 오늘날에 와서 전 세계적으로 전에 없던 인기를 누리고 있다.

이 책은 체스라는 지적이고 흥미로운 게임에 첫발을 내딛는 어린이들과 그들의 부모, 그리고 교사들을 위한 것이다. 제1장에서는 체스의 역사, 체스 규칙, 체스 경기 표기법을 다루었다. 제2장에서는 체스 경기의 세 단계와 각 단계에서의 기본적인 경기 방식 등을 담고 있다. 제3장은 고립된 킹의 체크메이트에 할애했다. 그리고 각 항목마다 트레이닝을 위한 일정한 양의 연습문제를 제공했다.

초보자가 체스 보드와 친숙해지고 기물의 행마를 잘 익히게 되면 체스 일반 규칙들, 예를 들면 공격, 방어, 교환, 고립된 킹의 체크메이트

등을 익히는 것이 중요하다. 본 책에서는 초보자의 상상력을 제한시키지 않기 위해 여러 상황을 제시하도록 노력했다. 시작 단계에서 개인의 독창성이 나타나고 흥미를 갖도록 돕는 것이 매우 중요하다. 이는 미래에 그의 강점을 장려하고 발달시키기 위해서이다.

이 책은 삽입 설명과 인용, 기본 정의, 참고, 규칙, 계획, 결정,결론, 경고와 도표, 연습문제로 구성되어 있다.

체스 게임의 전술과 전략에 관한 문제들은 다음에 다룰 예정이다.

제1장

체스와 체스 게임에 대한 일반적 개관

체스, 그것은 이성에 대한 시금석이다. _ 괴테

1. 체스의 기원

사람들이 테이블 게임을 즐기게 된 지는 6000년 이상 되었다고 한다. 그러나 지금과 같은 형태의 체스(차트란가)가 등장한 것은 5세기 초 인도라고 한다. 불교 승려들이 게임을 한국과 중국, 일본 등에도 전파했는데, 이것이 한국의 장기, 중국의 상기(象棋), 일본의 쇼기로 발전하게 되었다. 한편으로는 페르시아와 아라비아의 무역상들이 체스를 익히게 되면서 8세기에 유럽에도 전파되었다.

1000년경에는 전 유럽에 걸쳐 체스가 전파된 것으로 보인다. 당시 체스는 귀족과 기사, 수도사들이 즐기는 놀이였다. 15세기 후반 르네상스 시대에 이르러, 유럽인들은 체스 규칙에 근본적인 변화를 가져왔다. 퀸과 비숍의 행마가 확대되었으며, 나이트는 어느 말이나 뛰어넘을 수 있는 권한을 부여받게 되었으며, 비김수 제도가 도입되었다. 체스가 역동성과 재미, 다양성을 갖추게 된 것이다. 16세기에는 스페인과 이탈리아가, 18세기에는 프랑스가 각각 체스 강국으로 부상했고, 19세기 중반에는 영국으로 체스 게임의 중심지가 옮겨갔다. 그러다가 19세기 후반에는 중부 유럽과 미국, 러시아를 거쳐 전 세계에 체스 문화가 전파되었다.

오늘날에는 인터넷을 통해 세계 어느 나라 선수와도 실시간으로 체스 게임을 할 수 있게 되었다.

2. 경기 규칙

체스는 두 사람이 차례로 체스 보드에 놓인 기물들을 움직이며 하는 게임이다. 경기자의 목표는 상대방의 킹(King)을 잡는 것에 있다. 이 목표에 먼저 도달하는 사람이 승자가 된다.

체스 보드는 가로와 세로 각각 8칸씩 64개의 사각형 칸들로 이루어져 있으며 각 줄마다 밝은 칸과 어두운 칸이 번갈아 가며 구분되어 있다(간혹 다른 색깔이 사용될 때도 있다). 체스 보드는 경기자의 왼쪽 끝 칸이 어두운 칸이 되도록 놓는다. 게임이 시작될 때의 기물 세팅은 다음 도표와 같이 대칭을 이루게 한다(그림 1).

그림 1 ●

한 사람은 흑색 기물을, 다른 사람은 백색 기물로 경기를 한다. 백색 기물을 가진 사람이 게임을 시작한다. 행마는 차례대로 번갈아 가며 한다. 파트너간 한 번의 게임을 가리켜 체스 게임이라고 한다. 체스 게임은 경기자 중 한 사람이 승리하거나 무승부로 끝나게 된다. 게임은 다음과 같은 경우에 승리를 거두게 된다.

1. 상대방의 킹을 공격하여 항복을 받아내는 경우
2. 상대방 스스로 패배를 인정하는 경우('항복'이라고 말하든지, 시계를 멈춘다)
3. 상대방이 다음 수를 주어진 시간 내에 두지 못한 경우(시간패)
4. 상대방이 경기장에 나타나지 않을 경우, 또는 경기 시작 예정 시간에서 1시간 이상 늦는 경우

체스라는 말을 러시아어로 '샤흐마띠'라고 하는데, '샤흐'는 킹을 가리키는 페르시아어로부터 유래했고, '마뜨'는 '죽었다'는 뜻의 아랍어로부터 왔다. 그래서 '샤흐마띠'라고 하면 '왕의 죽음'으로 직역할 수 있다.

3. 체스 보드

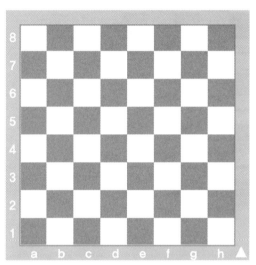

그림 2 | 보드가 바르게
배열된 모습을 보여주고
있다.

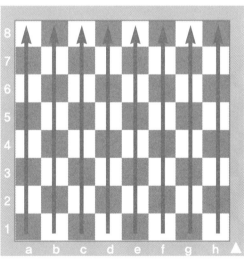

그림 3 | 파일(세로 열)
을 보여주고 있다. 파일
은 a-h의 8개로 구성되
어 있다.

그림 4 | 랭크(가로 행)를 보여주고 있다. 랭크(rank)는 1-8의 8층으로 구성되어 있다.

그림 4 ●

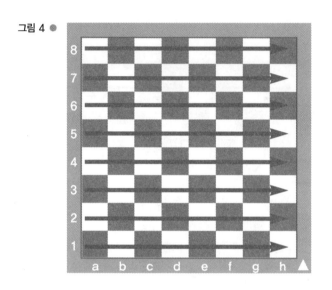

그림 5, 6 | 대각선(Diagonal)을 보여주고 있다.

● 그림 5   ● 그림 6

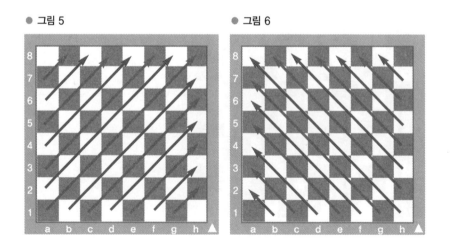

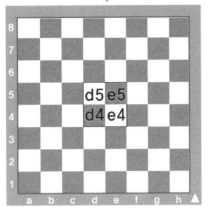

● 그림 7

그림 7 | 4 칸으로 구성된, '중앙'이라 불리는 부분을 보여주고 있다.

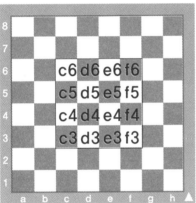

● 그림 8

그림 8 | 16칸으로 구성된, '광역 중앙'이라 불리는 부분을 보여주고 있다.

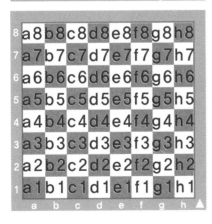

● 그림 9

그림 9 | 체스에는 각 칸마다 그 자리의 기호가 있는데, 파일의 영문기호(a, b, c, d, e, f, g, h)를 먼저 읽고 그 다음 랭크의 숫자(1-8)를 읽으면 된다.

그림 10, 1 | 보드의 반인 a, b, c, d 세로 열 부분을 퀸사이드라고
하며 e, f, g, h 부분을 킹사이드라고 한다.

● 그림 10

● 그림 11

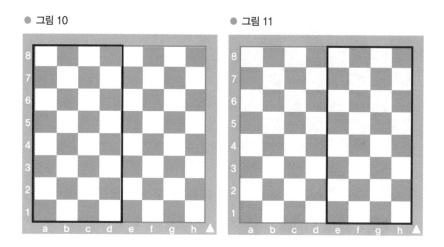

그림 12, 13 | 보드의 반인 1, 2, 3, 4 가로 행 부분을 백진영이라
하고, 5, 6, 7, 8 부분을 흑진영이라고 한다.

● 그림 12

● 그림 13

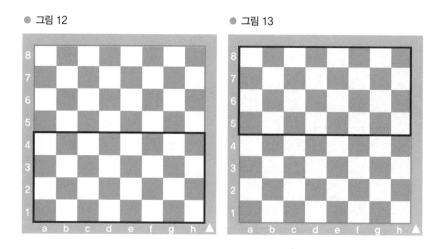

4. 체스 기물과 행마

모든 기물은 한 칸씩만 차지할 수 있다. 같은 칸을 두 개의 기물이 점할 수는 없다.

행마란 체스 보드에서 기물이 이동하는 것을 말한다. '잡음(capture)'은 행마를 통해 상대방의 기물을 보드에서 제거하는 것을 뜻한다.

아래 표에는 여러 언어로 된 기물의 현대식 명칭이 배열되어 있다.

각 기물과 행마법에 대해 살펴보자.

표 | 각 나라별 기물의 명칭

	영어	한국어	러시아어	독어	불어
♔	king K	킹	король	konig	roi
♕	queen Q	퀸	ферзь	dame	dame
♖	rook R	룩	ладья	turm	tour
♗	bishop B	비숍	слон	laufer	fou
♘	knight N	나이트	конь	springer	cavalier
♙	pawn P	폰	пешка	bauer	pion

룩(Rook) | 가는 길에 다른 기물이 없다면, 가로든 세로든 직선으로
1칸이나 그 이상 몇 칸이라도 행마할 수 있다(그림 14).

그림 14 ●

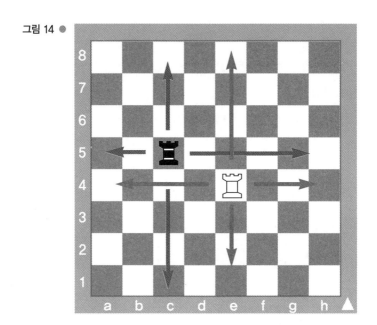

룩은 킹을 지키는 캐슬링(Castling)의 경우를 제외하고는 기물을 건
너뛸 수 없다. 룩이 행마하는 길에 상대방의 기물이 있을 경우 잡을 수
있으며 상대방의 기물을 보드에서 제거하고 룩을 그 자리에 놓을 수
있다. 자신의 기물을 잡는 것은 허용되지 않는다. 룩의 전형적인 이동
성은 14이다. 경기의 시작에 양 측은 각각 두 개의 룩을 가지며, 백은
a1과 h1에, 흑은 a8과 h8에 배치한다.

비숍(Bishop) | 가는 길에 방해물이 없다면 대각선 방향으로 몇 칸

이라도 행마할 수 있다. 비숍은 다른 기물을 건너뛸 수 없으나 가는 길에 상대방의 기물이 있다면 그것을 잡을 수 있다. 밝은 칸에 위치한 비숍은 밝은 대각선으로만 움직이고 라이트 스퀘어(light square) 비숍으로 불린다. 어두운 칸에 위치한 비숍은 어두운 대각선으로만 움직이고 다크 스퀘어(dark square) 비숍으로 불린다(그림 15).

그림 15 ●

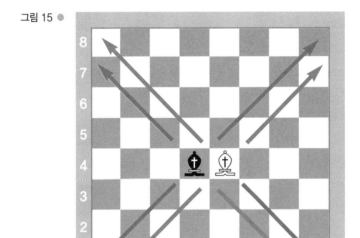

중앙에 놓인 비숍의 전형적인 이동성은 13이고, 구석에 놓인 비숍의 그것은 7이다. 경기의 시작에 양측은 각각 두 개의 비숍을 가지며 백은 c1과 f1, 흑은 c8과 f8에 배치한다.

퀸(Queen) | 가장 강력한 기물로서 룩과 비숍을 합친 행마를 한다. 퀸은 기물들을 건너뛸 수는 없다. 가는 길에 상대방의 기물이 있으면, 잡을 수 있으며 그 자리를 대신해 차지할 수 있다(그림 16).

그림 16 ●

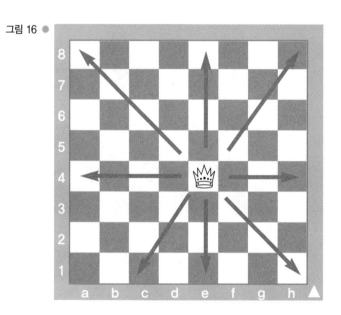

중앙에 위치한 퀸의 전형적 이동성은 27이고, 구석에 위치한 퀸의 그것은 21이다.

나이트(Knight) | 영어 알파벳 L을 연상시키는 특이한 행마를 한다 (그림 17).

그림 17

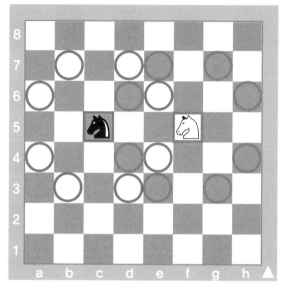

나이트는 자신의 기물이나 상대방의 기물을 건너뛰어 행마할 수 있는 유일한 기물이다. 나이트는 행마 후에 반드시 자신이 점하고 있는 칸의 색깔을 바꾼다. 나이트 역시 가는 곳의 상대방 기물을 잡을 수 있다. 중앙에 위치한 나이트의 전형적 이동성은 8이고, 구석에 위치한 나이트의 그것은 2이다. 경기의 시작에 양측은 각각 두 개의 나이트를 가지며 백은 b1과 g1, 흑은 b8과 g8에 배치한다.

킹(King) | 체스의 중심 기물이다. 킹은 어떤 방향으로든 1칸씩 행마할 수 있다(그림 18).

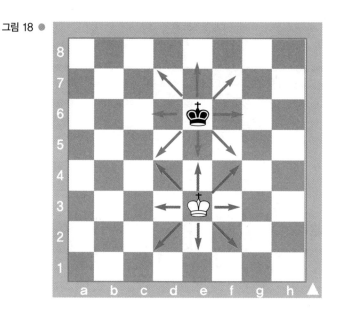

그림 18 ●

킹도 상대방을 잡을 수 있다. 킹은 상대방 기물의 공격권에 있는 칸으로 행마할 수 없는 유일한 기물이다. 게임 중 킹을 잡을 수는 없으며 킹을 직접 잡는 것은 금지되어 있다. 백과 흑의 킹은 결코 만날 수 없다. 즉, 그들은 이웃 칸에 위치할 수 없다. 킹은 경기당 한 번 캐슬링할 수 있다. 킹의 활동은 경기 종반으로 가면서 급격히 활발해진다. 구석에 놓인 킹의 이동성은 3이고, 보드의 맨 끝에 놓인 킹의 그것은 5이며, 나머지의 경우에서는 8이다.

폰(Pawn) | 가장 약한 기물이다. 폰은 전진만 가능하다. 첫 행마 때 한꺼번에 두 칸을 전진할 수 있는 경우를 제외하고는, 세로로 1칸씩만 앞으로 이동할 수 있다. 폰은 1칸 앞에 대각선(오른쪽 또는 왼쪽)에 위치한 기물을 잡을 수 있다. 폰은 다니는 길로 공격하지 않는 유일한 기물이다(그림 19).

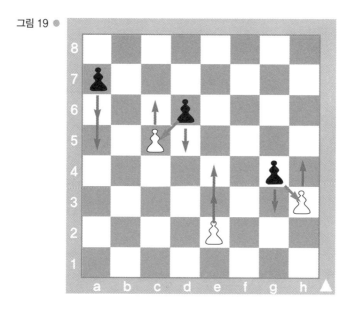

그림 19 ●

도표에서 흰 폰은 위쪽으로, 흑 폰은 아래쪽으로 이동한다. 백 폰은 제5 가로행에서 (흑 폰은 제4 가로행에서) 상대방의 기물을 잡을 수 있다. 폰의 특징은 마지막 가로행에 도달하면 보드에서 제거하게 되어 있는데, 이때 경기자의 희망에 따라 킹을 제외한 어떤 기물(퀸, 룩, 비숍, 나이트)로도 변신(승진)할 수 있다. 그러므로 폰은 마지막 랭크로의 이동 가능 정도에 따라 가치가 급격히 올라간다. 모든 폰은 마지막 랭크에 도달했을 때 단 한 번 다른 기물로의 변신의 기회를 갖는다. 폰은 바로 앞 칸에 자신의 것이든 상대방의 것이든 기물이 놓여 있으면 행마할 수 없다. 어떤 백색 폰도 제1랭크에 있을 수 없으며, 어떤 흑색 폰도 제8랭크에 놓일 수 없다. 폰의 전형적 이동성은 최초의 칸에 놓여 있을 경우 2이며, 그외 다른 칸에 위치할 경우 1이다.

5. 행마의 일반 규칙

1) 차례에 따라 행마한다. 이때 백이 첫 수를 둔다.
2) 단 한 번의 행마만이 허용된다.
3) 자신의 기물로만 행마한다.
4) 각 기물에 정해진 규칙대로만 행마한다.
5) 보드에서 상대방의 기물을 제거한 다음에야 이 칸을 차지할 수 있다(단, 폰의 경우에는 예외가 있음).
6) 공격권 내에 있는 상대방의 기물을 잡지 않는 것이 허용된다.
7) 의미 없는 수이거나 자신에게 불리한 상황을 초래하는 경우라도 행마를 해야 한다(착수포기가 안 됨).
8) 나이트를 제외한 모든 기물의 행마시 다른 기물이 위치해 있는 칸을 건너뛸 수 없다.
9) 자신의 기물이 위치해 있는 칸에 기물을 이동시킬 수 없다.

6. 체크와 체크메이트(Checkmate)

그림 20 |어떤 기물이 상대방의 킹을 자신의 행마에서 공격하게 되면, '킹에게 체크'라고 하거나 그냥 '체크(Check)'라고 한다.

그림 20 ●

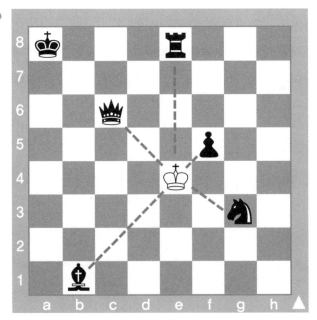

그림 21 | 대응 행마에서는 반드시 '체크'를 차단하는 수를 두어야
한다. 이때 세 가지 방법이 있다.

> 1) 공격당하는 칸에서 킹을 이동시킨다.
>
> 2) 공격하는 기물을 제거한다.
>
> 3) 자신의 기물로 '체크'를 차단한다.

그림 21 ●

그림 22 | 두 개의 기물이 동시에 킹에 '체크'를 하는 '더블 체크'
의 경우, 유일한 길은 킹의 이동이다.

그림 22 ●

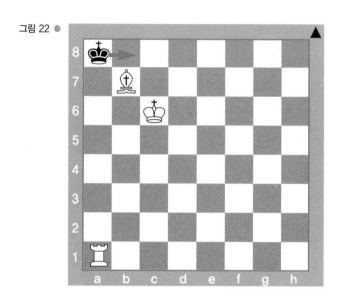

그림 23, 24 │ 왕이 공격을 당해 방어할 수 없을 때, 이런 경우를 체크메이트(Checkmate) 또는 그냥 메이트(mate)라고 한다.

그림 23 ●

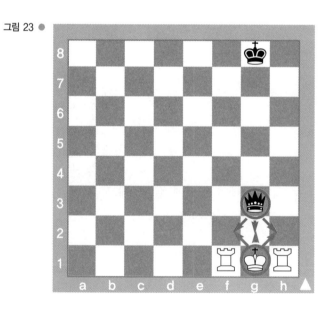

그림 24 ●

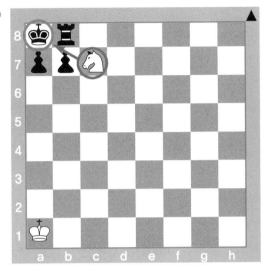

'메이트'는 '체크'로부터 '구원의 출구가 없는 상태'이다. 경기의 목표는 상대방의 킹에게 '메이트'를 주는 것이다. 상대방의 킹에게 처음으로 '메이트'를 선언하는 경기자를 그 게임에서 승리자로 간주한다. 체크메이트가 성립한 다음에는 기물의 우세나 다음 수에서 다른 경기자가 '메이트'를 할 수 있는 경우 등의 어떤 상태도 가치를 갖지 못한다.

7. 무승부

경기자 중 어떤 쪽도 승리를 얻지 못하는 경우이다. 경기가 무승부로 끝나는 경우는 다음과 같다.

1) 스테일메이트(Stalemate) | '행마를 하는 쪽의 모든 기물이 움직일 수 없는데다, 그 킹이 '체크'에 놓여 있지 않을 경우를 가리킨다(그림 25, 26).

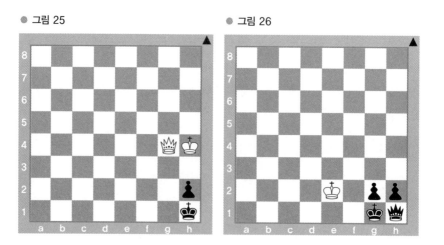

● 그림 25　　　　　　　● 그림 26

2) 보드에 양쪽의 킹만이 남아 있을 경우이다(그림 27).

그림 27 ●

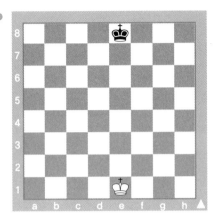

3) 이론적 무승부 | 양쪽이 다 이론적으로도 상대방의 킹에게 '메이트'를 줄 수 없을 만큼 기물이 남아 있지 않은 경우이다(예를 들어, 킹에 대해 킹과 나이트가 남아 있거나 킹에 대해 킹과 비숍이 남아 있는 경우, 그림 28, 29).

● 그림 28

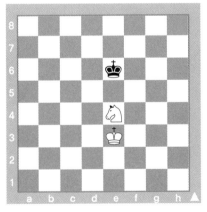

● 그림 29

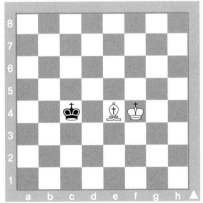

4) 양쪽의 경기자가 무승부에 합의하는 경우이다.

이외에도 다음 경우에 무승부가 성립할 수 있다.

1) '영원한 체크' : 한쪽의 킹이 상대방의 연속적인 수에 '체크'에 놓여 있으나 '메이트'의 가능성은 없는 경우이다.
2) '3회 반복' : 양쪽이 3회 같은 형태를 반복하는 경우이다.
3) '위치적 무승부' : 구체적 상황의 특이성으로 인해 수적 우세에도 불구하고 어떤 시도도 불가능할 경우를 말한다.

이 경우에는 무승부가 심판에 의해 결정된다.

8. 캐슬링, 앙파상, 폰의 변신

체스에는 '캐슬링(Castling)', '앙파상(En Passant)', '폰(Pawn)의 변신' 이라는 세 가지 특별한 행마가 있다.

● 캐슬링

캐슬링(Castling)—두 개의 기물(킹과 하나의 룩)—을 동시에 움직이는 수이다.

킹사이드 캐슬링 | 백색(흑색) 킹을 e1(e8)에서 g1(g8)로, 룩을 h1(h8)에서 f1(f8)로 이동시키는 수이다.

퀸사이드 캐슬링 | 백색(흑색) 킹을 e1(e8)에서 c1(c8)로, 룩을 a1(a8)에서 d1(d8)로 이동시키는 수이다(그림 30, 31).

● 그림 30

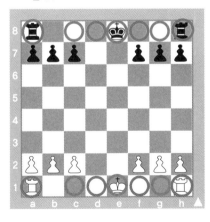

● 그림 31

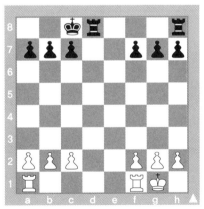

캐슬링 때에는 킹을 먼저 이동시킨 다음 룩을 이동시킨다. 캐슬링은 한 경기에서 단 1회 행할 수 있다.

경기 종료까지 캐슬링을 할 수 없는 경우는 다음과 같다.
1) 킹이 이미 행마한 경우
2) 룩이 이미 행마한 경우

캐슬링이 일시적으로 금지되는 경우는 다음과 같다.
1) 킹과 룩 사이의 칸을 자신 또는 상대방의 기물이 차지하고 있는 경우(그림 32).

● 그림 32

● 그림 33

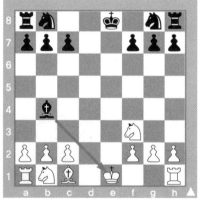

2) 킹이 '체크'에 걸려 있는 경우(그림 33).

3) 킹이 지나가야 할 칸 중 하나가 상대방의 공격권에 있는 경우(그림 34).

그림 34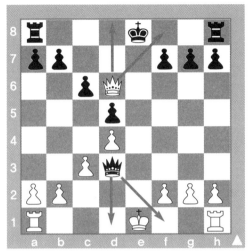

4) 킹이 캐슬링 후에 상대방의 기물의 공격권에 들어오게 되는 경우(그림35).

그림 35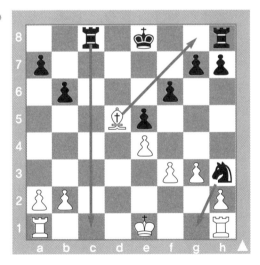

캐슬링 때 룩은 상대방의 기물이 공격한 칸을 지나갈 수 있다. 캐슬링은 킹을 보호하는 동시에 기물들의 신속한 동원을 실현시키는 매우 중요한 수이다.

● 앙파상

그림 36 | 앙파상(En Passant)은 폰(Pawn)이 한 번에 앞으로 두 칸 이동할 때 이웃한 세로 열에 위치한 폰이 방금 이동한 상대방의 폰을 잡는 것을 허용하는 규칙이다.

그림 36 ●

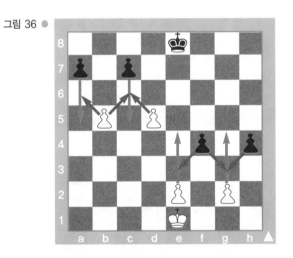

앙파상은 가로 제4랭크에 위치한 흑 폰(또는 제5랭크에 위치한 백 폰)만이 할 수 있다. 잡는 것은 바로 다음 대응 수에서만 가능하다. 그 다음 수에서는 이미 앙파상의 권리를 잃는다. 상대방의 폰만이 앙파상 할 수 있으며 다른 기물들은 불가능하다. 앙파상은 반드시 해야 하는 것은 아니다.

● 폰(Pawn)의 변신

그림 37, 38 | 마지막 랭크에 도달한 폰은 반드시 다른 기물들(퀸, 룩, 비숍, 나이트) 중의 하나로 대체되어야 한다.

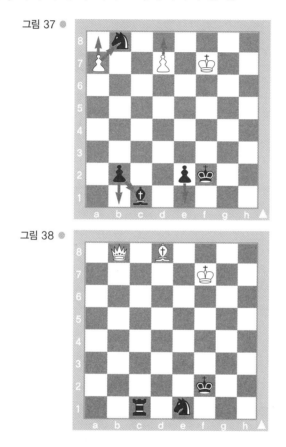

그림 37 ●

그림 38 ●

폰 대신 선택된 기물이 즉시 세워진다. 이때 보드에 그 기물과 같은 종류의 기물이 있느냐 없느냐는 문제되지 않는다. 대체된 기물은 그와 같은 종류의 기물이 가지는 능력을 그대로 부여받게 된다. 8개의 폰들은 각각 한 경기당 한 번의 변신 기회를 갖는다.

9. 기물들의 상대적 가치

경기 중 올바른 교환을 하기 위해서는 기물들의 상대적 가치를 알 필요가 있다. 이는 기물들의 이동성이나 파괴력에 달렸다.

기물들의 표준 가치는 폰의 가치를 1로 잡고 다음과 같이 평가할 수 있다.

♙	폰 - 1	♗ ♘	나이트, 비숍 - 3
♖	룩 - 5	♕	퀸 - 9

나이트와 비숍을 가벼운 기물이라고 하고, 룩과 퀸을 무거운 기물이라고 한다. 비숍과 룩과 퀸을 가끔 주력 기물이라고도 한다.

실제적이고 구체적인 위치가 기물의 상대적 가치를 결정한다. 나이트와 비숍은 실제적으로 동등한 가치의 기물들이나 상황에 따라 하나가 다른 하나에 대해 우위를 가질 수 있다. 예를 들어 닫힌 상황에서는 나이트가 다른 색깔의 칸으로 건너갈 수 있고 기물들을 건너뛸 수 있기 때문에 비숍보다 선호한다. 열린 상황에서는 비숍이 장거리 공격이 가능한 기물이기 때문에 선호한다. 두 개의 비숍은 거의 항상 두 개의 나이트보다 강하다. 경기에서 폰과 룩에 대해서는 보통 비숍이 나이트보다 강하다. 비숍과 룩이 함께 있는 경우는 역시 나이트와 룩이 함께 있는 경우보다 강하다. 그러나 퀸과 나이트가 함께 하는 경우는 보통 퀸과 비숍이 함께 하는 경우보다 강하다.

룩은 나이트와 비숍보다 강한데, 이는 가벼운 기물들보다 넓은 칸을 콘트롤할 수 있기 때문이다. 룩은 대략 가벼운 기물과 한두 개 정도의 폰이 함께 할 때 정도의 위력을 갖는다. 그리고 룩과 한두 개의 폰이 함께 할 경우는 두 개의 가벼운 기물이 함께 하는 정도의 위력이라고 할 수 있다.

퀸은 가장 강력한 기물로 간주되는데, 이는 퀸의 공격력이 룩이나 가벼운 기물들의 그것보다 강하기 때문이다. 두 개의 룩은 퀸보다 다소 강하다. 세 개의 가벼운 기물들은 퀸보다 다소 강하다. 퀸은 룩과 가벼운 기물 하나와 한두 개의 폰이 함께 한 경우와 비슷한 위력을 갖는다. 또한 퀸과 한두 개의 폰이 함께 할 때 룩과 두 개의 가벼운 기물이 함께 한 경우의 위력과 같다고 할 수 있다.

그러나 특수한 경우에는 룩이 퀸보다 나을 수 있으며, 가벼운 기물이 룩보다 강할 수도 있다.

이와 함께 보드상에서 기물들의 위치도 고려되어야 한다. 기물이 중앙에 근접해 있을수록 활동성과 공격력이 높아진다. 따라서 보드의 끝에 가까이 위치해 있을수록 기물의 공격력은 낮아진다. 예를 들어, 나이트가 중앙(세로 열 d, e와 가로 행 4, 5)에 위치해 있고 (세로 열 c, f, 가로 행 3, 6)이 이웃해 있다면, 8개의 칸을 콘트롤할 수 있다. 즉, 나이트의 공격력이 8이라는 뜻이다. 만약 나이트가 b, g 파일이나 제 2, 7랭크에 위치해 있다면 공격력은 6으로 줄어들고, 보드의 구석(a1, a8, h8, h1)에 있다면 2가 된다.

이와 마찬가지로 비숍도 중앙에 있으면 13칸을 공격할 수 있지만, 보드의 가에 가까워지면 9 정도가 되고, 보드의 구석에 가면 7이 된다. 비숍의 약점은 같은 색 칸으로밖에 이동할 수 없다는 점이다. 그런데 두 개의 비숍은 서로를 훌륭히 보완할 수 있다.

룩은 만능의 기물로서 어디에 위치해 있든지 14칸이 그의 공격권 안에 있게 된다.

퀸도 중앙에 서 있는 것이 유리하다. 퀸의 특성이 비숍과 마찬가지로 대각선 이동에 있기 때문에 중앙으로 행마하는 것이 요청된다.

킹은 경기 초반의 방어형 기물에서 경기 종반으로 가면서 공격형 기물로 변해 간다.

10. 체스 표기법

체스 경기의 표기는 보드 칸을 문자와 숫자로 복합 표기하고 규정된 기호를 사용하고 있다.

정식 체스 표기란 체스 경기시 위치했던 칸과 이동한 칸을 표시해 각 행마를 전부 표기하는 것이다.

간이 체스 표기란 기물이 행마한 칸만을 표기하는 것이다.

폰을 제외한 각 기물이 행마할 때는 항상 기물의 약자 또는 기호로 표기한다. 체스 경기의 기록은 다음의 기호들로 표기한다.

체스 결과의 기록

1:0	백 승리
0:1	흑 승리
1/2:1/2	무승부

체스 결과의 기록

:	기물이나 폰이 상대방의 기물이나 폰은 잡을 때
+	체크
++	더블 체크
#	체크메이트
0-0	짧은 캐슬링(킹사이드)
0-0-0	긴 캐슬링(퀸사이드)
!	좋은 수
!!	아주 좋은 수
?	나쁜 수
??	아주 나쁜 수
!?	주목할 만한 수
?!	이상한 수
=	똑같음
±	백이 약간 우세
∓	흑이 약간 우세
±	백이 우세
∓	흑이 우세
+-	백 승리
-+	흑 승리
1.?	백 행마
1…?	흑 행마

11. 공식 경기의 행동 원칙

대국자는 상대방에 대해 서로 절도 있고 정중해야 한다.

1) 대국은 항상 악수로 시작하고 결과에 상관없이 악수로 끝낸다.
2) 대국의 처음부터 끝까지 각 대국자는 한 손으로만 기물을 이동시킨다.
3) '손댔다-행마하라(touch-move).' 대국자가 자신의 행마 차례에서 손으로 자신의 기물을 건드렸을 경우 그는 반드시 그 기물로 행마해야 하고, 상대방의 기물을 건드렸을 경우에는 그것을 잡아야만 한다. (만약 자신의 기물이 행마할 자리가 없거나 상대방의 기물을 잡을 가능성이 없다면, 자신의 다른 기물로 행마하는 것이 허락된다).
4) 자신의 기물이나 상대방의 것을 수정하고 싶을 때, 반드시 상대방에게 '쟈두브(J'adoube)'라고 큰 소리로 말해 이를 예고해야 한다. 단, 이는 자신의 차례에서만 가능하다.
5) 캐슬링은 킹으로부터 시작해야 한다. 캐슬링시 룩에 먼저 손을 대었다면, 이 룩으로 행마해야 하고, 이미 이쪽으로 캐슬링은 불가능하다.
6) 행마는 기물이 한 칸에서 다른 칸으로 이동되고 대국자의 손이 기물을 놓았을 때 완결되는 것으로 간주한다. 대국자의 손이 아직 기

물을 잡고 있다면 그 기물로는 다른 행마를 할 수 있게 허락된다.

7) 행마는 되물릴 수 없다.

8) 대국자가 기물을 잡았을 때 보드에서 그것을 제거한다.

9) 킹에게 '체크'를 들어갈 때 반드시 소리내어 말해야 하는 것은 아니다. 상대방이 자신의 킹에게 '체크'가 들어갔음을 모르고 있을 경우 '체크'라는 말을 해줘야 한다.

10) 모든 대국자는 경기 중 어떤 경우라도 자신의 패배를 인정할 수 있다. 이때 '나는 항복한다'고 말하고 시계를 멈추고 승리를 축하하며 경기에 대한 감사의 표시로 악수를 청한다.

11) 모든 대국자는 경기 중 어떤 경우라도 자신의 행마 차례에서 상대방에게 무승부를 제의할 수 있다. 상대방이 동의하면 시계를 멈춘다. 만약 상대방이 다음 수를 둔다면 제의를 거절한 것으로 간주한다. 무승부의 제의는 대국 중 한 번만 허락된다.

12) 어떤 식으로든 상대방에게 주의를 집중하지 못하게 하거나 흥분시키는 것은 금지된다.

13) 경기자는 경기 중 책이나 메모를 이용하거나 누구에게 조언을 구하는 것은 금지된다.

14) 경기 중 각 대국자는 체스 대국을 스스로 기록해야 한다.

12. 체스 시계, 시간 제한, 체이트노트

모든 공식 경기에는 대국당 시간 제한이 있다. 시간 제한은 체스 시계로 측정된다. 체스 시계는 경기 진행 중 대국자 중 한 사람의 시계만은 가도록 전환기로 연결된 두 개의 숫자판이 있는 기구이다. 시간 제한은 대국자가 일정한 양의 행마를 하는 데 할애되는 시간의 간격이다. 만약 대국자가 정해진 시간 내에 주어진 행마의 양을 다하지 못하게 되면 대국은 이 대국자의 패배로 끝나게 된다.

대회와 시계의 종류에 따라 시합의 조직자들은 다양한 시간 제한을 둔다. 전통적인 체스에서는, 예를 들어 매 대국자에게 40수당 2시간의 시간을 배당하며 대국 끝까지 1시간의 추가 시간이 배당된다. 전자 시계를 사용할 때는 대국 끝까지 행마당 30초의 추가 시간이 더해지고, 각 대국자에게 1시간 반의 시간이 배당된다. '속전' 체스에서는 각 대국자에게 대국 끝까지 3분에서 30분까지 시간 제한이 주어진다.

'체이트노트' 란 행마를 구상하는 데 시간이 모자라는 것을 말한다.

13. 시합의 조직, 순환 시스템, 스위스 시스템, 우승배 쟁탈전 시스템

대부분의 체스 시합은 순환 시스템(리그전)이나 스위스 시스템으로 불리는 방식에 의해 운영되고 있다.

순환 시스템으로 운영되는 대회에서는 모든 참가자는 서로 모두 만나게 된다. 순환 시스템의 단점은 매우 많은 참가자들이 있을 경우 실행할 수 없다는 것이다.

현재 세계에서 압도적 수의 대회들은 스위스 시스템에 의해 운영되고 있다. 이 경우에는 같은 점수를 딴 경기자들끼리 경기를 하게 된다. 이때 참가자들은 한 번 이상 서로 만나지 않는다. 오늘날 대국 상대의 추첨은 컴퓨터로 진행된다.

또한 시합에서는 우승배 쟁탈전 시스템(토너먼트)도 활용된다. 이 시스템에서는 패배자는 즉시 탈락된다.

14. '엘로' 시스템

　엘로 시스템은 여러 시합에 출전하는 체스 선수들의 수준을 측정하는 것이다. 이 시스템은 미국 물리학자인 A. 엘로가 개발했다. 이 시스템에 따르면 각 체스 선수의 능력은 0-3000점까지 정해진다. 대회의 결과에 따라 점수가 매겨진다. 대회에서 좋은 결과를 보이는 체스 선수들이 더 좋은 점수를 얻게 된다. 경기 결과에 따라 선수의 점수는 높아지기도 하고 낮아지기도 한다.

　엘로 시스템은 현재 세계체스연맹(FIDE)에 의해 채택되어 사용되고 있으며 공식적으로 석 달마다 소성되고 있다.

15. 세계체스연맹(FIDE)

　세계체스연맹은 전 세계의 체스를 관장하는 기관으로 1924년 파리
에서 설립되었다. 세계체스연맹은 경기의 규칙을 명확히 하고 그랜드
마스터(GM), 인터내셔널 마스터(IM), 피데마스터(FM)의 칭호를 부여
하며, 대규모의 국제대회들을 조직한다.
　그랜드 마스터(Grand Master)는 체스에서 가장 높은 칭호이다.

제2장 체스 게임의 초급 코스

'체스는 형식에서는 놀이이고 내용에서는 예술이며 습득의 어려움에서는 과학이다. 체스는 좋은 책이나 음악이 줄 수 있는 즐거움을 줄 수 있다. 그러나 제대로 경기하는 법을 배울 때 진정한 즐거움을 누릴 수 있게 된다."_ T. 페트로시얀 체스 게임의 규칙과 체스 보드와 기물들을 익히고 체스 행마와 표기법을 잘 습득했다고 생각한다면 다음 코스로 넘어가 보자.

체스 게임의 초급 코스는 체스 보드상에서의 예들의 시행과 학생으로 하여금 부모나 교사들 또는 다른 학생들과의 시험 대국을 통해 실제적으로 익혀야 한다. 순차적이고 체계적인 학습만이 발전을 가져온다.

1. 기본 정의

위협 | 자신의 행마를 통해 상대편에게 해를 입힐 수 있는 가능성(그림 1).

그림 1 ●

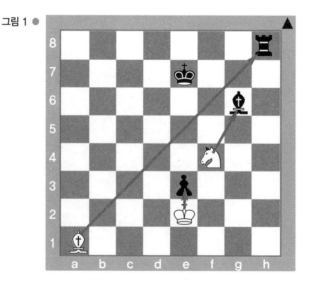

타격 | 기물을 제거하거나 직접적으로 위협하는 행마(그림 2, 3).

 그림 2

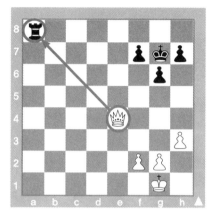

 그림 3

공격 | 위협하는 행마(그림 4).

그림 4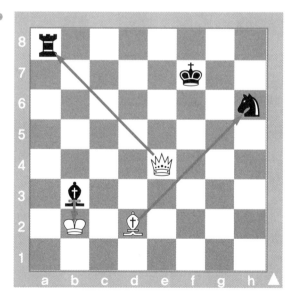

체크 | 킹을 공격하는 것(그림 5).

그림 5 ●

방어 | 공격에 대한 대항 행마, 위협의 제거.

기물에 대한 공격을 할 때 방어 방법들(그림 6, 7)

1) 이 칸에서 기물을 이동시킨다.

2) 공격해 오는 기물(또는 폰)을 잡는다.

3) (나이트나 폰을 제외한) 기물의 공격 라인을 차단한다.

4) 자신의 다른 기물로 이 기물을 방어한다.

5) 공격해 오는 기물(또는 폰)을 옭아맨다.

6) 자신의 다른 기물로 동일한 가치의 또는 더 높은 가치를 지닌 상대방
   의 기물(또는 킹)을 공격한다.

● 그림 6

● 그림 7

평등 교환 | 보드상에서 수적 평등을 유지해 주는 상호 제거(그림 8, 9).

● 그림 8

● 그림 9

불평등 교환 | 수적 우세거나 수적 열세를 가져오는 상호 제거(그림 10, 11).

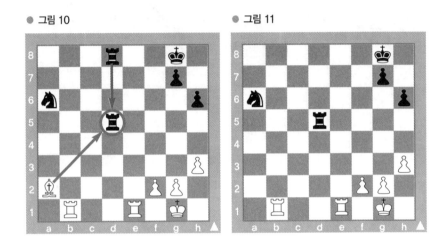

● 그림 10   ● 그림 11

폰 센터 | 보드의 중앙을 차지하고 있는 같은 색 두 개 이상의 폰 그룹(그림 12).

그림 12 ●

열린 라인(오픈 파일) | 한 개의 폰도 놓여 있지 않은 라인(그림 13).

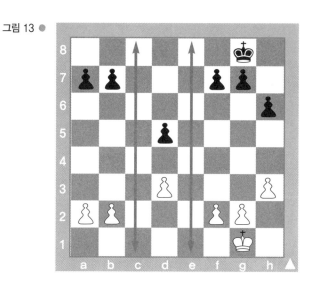

그림 13 ●

반쯤 열린 라인(세미 오픈 파일) | 상대방의 폰들만 놓여 있는 라인(그림 14).

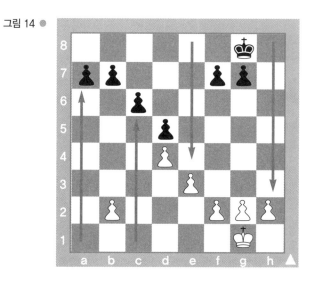

그림 14 ●

약한 지대 | 자신의 폰으로 방어할 수 없는 칸(그림 15).

그림 15 ●

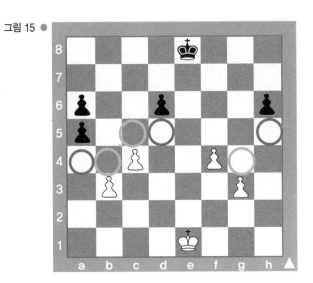

통과 폰(passed pawn) | 그 라인에는 물론이고 이웃 라인에도 그 앞에 상대방의 폰이 없는 폰(그림 16).

그림 16 ●

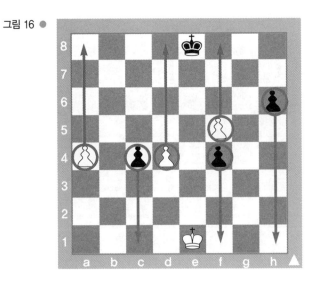

주도 | 상대방에게 끊임없는 위협을 가하는 활발한 경기.

수적 우세 | 기물의 수나 가치면에서 상대방에 대해 우세한 것.

체크메이트 그물 | 상대방의 킹에게 마뜨(체크메이트)를 하기 위해 기물들의 콤비 플레이.

템포 | 행마에 의해 표현되는 '체스 시간' 의 단위.

템포의 손실 | 상황을 악화시키는 무익한 행마.

체스는 두 적이 맞서는 게임이다. 대국에서의 성공은 체스 선수의 능동성과 상대방에게 부득이한 문제를 던지고 그 실수를 이용하는 능력과 직접적으로 관계가 있다. 능동적인 대국을 위해서는 '강제의 강요수(forcing move)' 가 활용될 수 있다.

위협, 공격(체크를 포함해서), 평등 교환, 희생 등은 강제의 강요수에 속한다.

위협은 체스에서 중요한 방법인데, 상대방의 위협을 잘 알아차리고 자신의 위협을 만들어낼 줄 알아야 한다.

체크는 기본적인 강제의 강요수이다. 체크는 게임을 촉진하고 자신의 기물의 상황을 호전시키며 상대방의 기물을 패배시키면서 킹을 체크메이트할 수 있도록 한다.

평등 교환은 많은 콤비네이션의 구성 요소이다.

평등 교환이나 불평등 교환시 끝까지 가늠해 보고 그 결과를 미리 정확히 평가할 수 있어야 한다. 최종 결과가 긍정적으로 읽힐 경우 교환을 행해야 한다.

열린 라인 | 무거운 기물들로 열린 라인을 장악할 경우 적진으로 침

입할 수 있는 가능성이 열린다. 적의 킹에 직접적으로 접근할 수 있는 세로 열의 장악이 특별히 중요하다. 비숍에 의한 적의 킹으로의 열린 대각선의 장악은 공격의 발전을 돕는다.

약한 지대 | 충분히 고려되지 않았거나 폰의 부득이한 이동의 결과이거나 교환 이후에 발생한다. 한 편의 약한 지대는 다른 편에게는 강한 지대가 된다. 지대의 약함은 보드 중앙이나 주요 사건이 일어나는 곳에 가까울수록 강하게 감지된다. 약한 지대는 나이트에 의한 장악이 매우 효과적이다.

2. 체스 게임의 세 단계

체스 게임은 일반적으로 오프닝(The Opening), 미들 게임(Middle Game), 엔드 게임(End Game) 세 단계로 나뉜다.

각 단계의 기본 과제
- 오프닝 | 중앙을 장악하고 기물들을 동원하는 것이다.
- 미들 게임 | 킹에 대한 공격을 준비하며 실행해 가는 것이다.
- 엔드 게임 | 폰의 퀸으로의 진행이다.

초보자를 위한 게임 방법

● 오프닝
1) 게임을 e4나 d4의 행마로 시작하는 것이 유리하다.
2) 나이트의 행마 후에 비숍을 행마하는 것이 좋다.
3) 가벼운 기물들의 진행 후에 퀸을 행마하는 것이 좋다.
4) 같은 기물로 몇 번을 계속해서 행마하지 않아야 한다.
5) 킹을 지켜 주는 폰은 함부로 진출하지 않아야 한다.
6) 보드 가장자리의 폰으로 무익한 행마를 하지 않아야 한다.
7) 보드 가장자리에 나이트를 놓지 않아야 한다.

8) 가능하다면 캐슬링을 하는 것이 좋다.

● 미들 게임

1) 공격하고 위협하는 데 우위를 점해야 한다.
2) 중요한 칸과 열린 파일, 열린 다이아거널을 점거하여 자신의 기물들의 입지를 호전시켜야 한다.
3) 좋은 위치에서 압박하여 상대방의 기물들의 입지를 악화시키는 것이 좋다.
4) 약한 기물들을 강한 적들로 교환해야 한다.
5) 콤비네이션 공격으로 킹을 위협하거나 수적 우위를 점해야 한다.

● 엔드 게임

1) 킹을 중앙으로 이동시킨다.
2) 상대방의 킹을 자신의 패스트 폰으로부터 보드 가장자리로 밀어내야 한다.
3) 반드시 자신의 패스트 폰을 만들어 전진하도록 노력해야 한다.
4) 룩으로 패스트 폰 뒤를 엄호해야 한다.
5) 킹이나 자신의 기물들로 상대방의 패스트 폰을 차단해야 한다.

경 고

위에 열거한 규칙들은 모든 경우에 들어맞는 절대적인 규칙들이 아니라 가급적 이러한 규칙을 적용해 게임을 하는 것이 보다 유리할 뿐이다. 즉, 보드상에서의 상황에 따라 이런저런 결정을 내려야 한다.

충 고

1) 보다 용감하고 진취적으로 경기하라. 자신의 기물들로 상대방의 킹과 기물들과 폰을 위협하며 공격해야 한다. 이때 체크메이트를 하고 기물을 잡으며 유리한 교환을 하라.

2) 기물들의 안전을 잊지 말라. 상대방의 각 행마 후 가능한 위협을 가늠해야 한다.

3) 기물들간 행마의 보조를 맞추도록 노력하라. 기물 단독의 돌연한 모험적 출격을 삼가야 한다.

4) 각 행마를 면밀히 숙고하라. 매번 더 좋은 진행 수를 찾으라. 서둘러 행마하지 말라. 하나의 충분히 고려하지 않고 서두른 행마가 좋은 게임을 패배로 이끌 수 있다.

제3장 고립된 킹의 체크메이트

나는 체스 없는 삶을 상상할 수조차 없다. __ 레프 톨스토이

초보자들간의 대국은 보통 수적 불균형 가운데 전개된다. 수적 우위는 다음과 같이 실현된다.

1) 우세한 힘으로 킹을 공격할 때.
2) 고립된 킹의 체크메이트시 결론이 나와 있는 형태로의 단순화가 필요하다.

1. 기본 정의

대립(opposition) | 양편의 킹이 수직선, 수평선, 또는 대각선상에서 홀수 칸을 사이에 두고 서로 마주 보고 있는 상황으로, 이때 나중에 행마하는 편이 상황을 장악한다. 대립 상황을 장악하는 편이 우위를 점한다. 대립 상황은 이번에 행마해야 하는 편에게 언제나 불리하다.

쭉쯔방(zugzwang) | 어떤 수를 두더라도 자신의 입지를 악화시키는 상황을 일컫는다. 한편의 대립은 다른 편의 쭉쯔방을 가져온다.

결론 | 대립 상황을 장악하기 위해 노력해야 한다.

2. 퀸에 의한 체크메이트

퀸에 의한 체크메이트는 보드 가장자리에서 킹의 도움으로 이루어 진다.

3단계 작전
1) 킹을 압박해 구석으로 몰아넣는다.
2) 자신의 킹을 상대방의 킹에게로 접근시킨다.
3) 체크메이트를 한다.

그림 1 ●

● 제1단계 | 킹의 압박

그림 2, 3, 4, 5 | 흑 킹을 압박할 극한 선을 결정해야 한다.

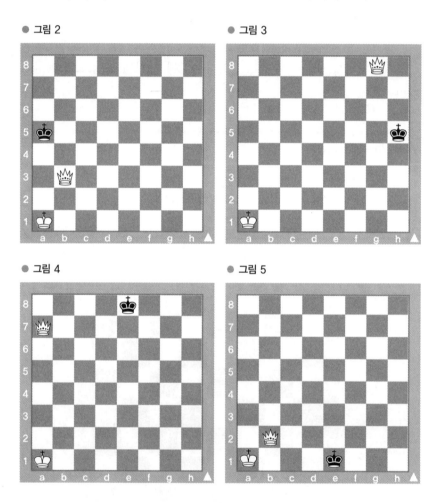

● 그림 2

● 그림 3

● 그림 4

● 그림 5

그림 1 | 이 위치에서는 킹을 제8랭크나 a파일로 압박하는 것이 좋다. 1. Qf3. 이 수로써 우리에게 필요한 방향으로만 행마하도록 적의

킹의 이동을 제한한다. 제8랭크로 킹을 압박하기 위해 킹이 제1랭크로 접근하는 칸을 차단해야 한다. 이 위치에서는 바로 제3랭크이다. a파일로 킹을 압박하기 위해서는 h파일 쪽으로 접근하는 칸을 봉쇄해야 한다. 이 위치에서는 Qf3 우리는 흑 킹을 보드 가장자리로 몰아야 한다. 1... Ke4(1... Ke5 흑 킹이 중앙으로 접근하더라도 제4랭크에서 제5랭크로 이동한 결과. 2. Qg4!) 2. Qe3 Kb4 3. Qd3(확인했듯이 퀸은 킹을 언제나 대각선으로 동시에 따라다닌다. 즉, '상상의 나이트'의 행마로(나이트가 b4에 있었다면 안심하고 d3으로 행마했을 텐데) Ka4 4. Qc3 Kb5(흑 킹은 제4랭크를 떠나야 한다. 매 수마다 퀸은 킹의 운신을 더욱더 제한하게 된다.) 5. Qd4 Kc6(5... Ka5 7. Qc4) 6. Qe5 Kb6 7. Qd5 Kc7 8. Qe6 Kb7 9. Qd6 Ka7 10. Qc6 Kb8 11. Qd7 Ka8.

● 제2단계 | 킹의 이동

그림 6 ●

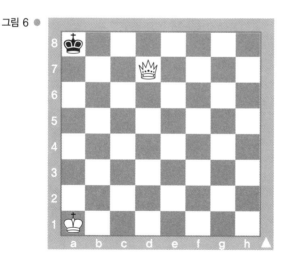

그림 6

a) 킹을 상대방의 킹에 대항할 칸으로 이동해야 한다(한 칸 건너로).

b) 한 랭크를 사이에 둔 이웃 칸으로, 예를 들어 흑 킹이 b8에 위치해 있다면 킹을 b6이나 a6 그리고 c6으로 데리고 와야 한다. 12. Ka2(b2)(어떤 경우라도 12. Qc7?이면 안 된다(그림 11).) Kb8 13. Kb3(a3) Ka8 14. Kb4 Kb8 15. Kb5 Ka8 16. Kb6 Kb8.

● **제3단계 | 체크메이트**

그림 7 ●

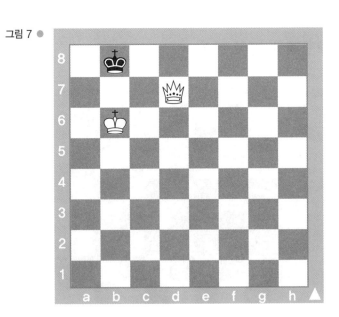

그림 7 ┃ 17. Qb7 또는 17. Qd8 – 체크메이트(그림 8, 9).

● 그림 8

● 그림 9

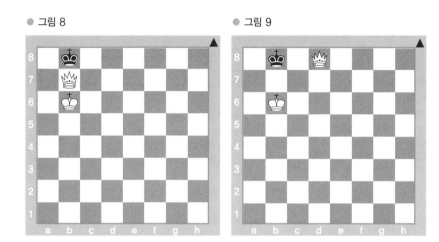

주의 : 퀸으로 체크메이트할 때 비김수(스테일메이트)를 허용해서는 안 된
다는 것을 기억해야 한다(그림 10, 11, 12, 13).

● 그림 10

● 그림 11

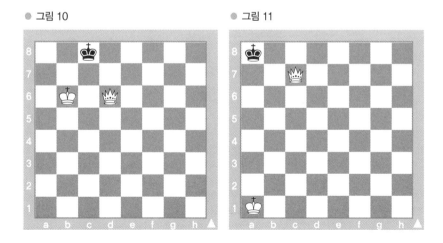

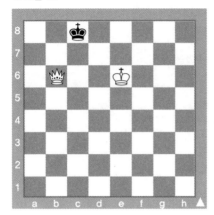

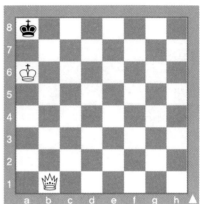

3. 라인 체크메이트

라인 체크메이트는 무거운 기물들로 수평이나 수직선으로 행하는데, 이때 필수적으로 킹의 도움이 필요하지는 않다. 퀸의 체크메이트처럼 라인 체크메이트는 마지막 랭크나 파일로 킹을 체크로 압박하며 행한다. 이때 한 무거운 기물이 '보초' 의 역할을 하고 다른 기물이 킹을 공격한다.

계획
1) 막다른 수직 수평선으로 킹을 압박한다.
2) 체크메이트한다.

그림 14 ●

● 제1단계

그림 14 | 이 위치에서는 킹을 제8랭크나 h파일로 모는 것이 더 편리하다. 1. Rd2(중앙으로부터 킹을 잘라내어) Ke5 2. Re1+ Kf4 3. Rf2+ Kg3(흑은 체크메이트의 메커니즘을 차단하려고 시도한다) 4. Rf8 Kg2(흑은 룩으로부터 g1 칸을 취한다) 5. Re7 Kg3 6. Rg7+(그리고 메커니즘은 다른 쪽에서 회복된다) Kh4.

● 제2단계

그림 15, 16 | Rh8#(그림 16).

그림 15 ●

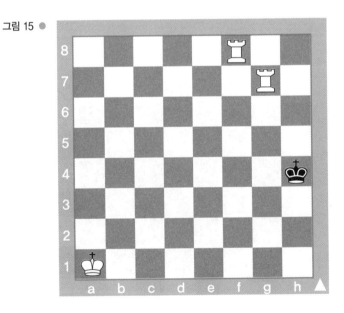

또 다른 방법도 있다.

● 제1단계

그림 16 | 1. Rh5(제5랭크를 자르고) Kf6 2. Ra6+ Kg7(흑은 다시
백의 메커니즘을 파괴하려고 시도한다) 3. Rb5! Kf7 4. Rb7+ Ke8.

그림 16

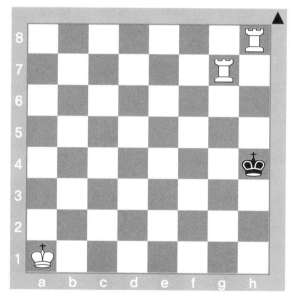

● 제2단계

그림 17 ●

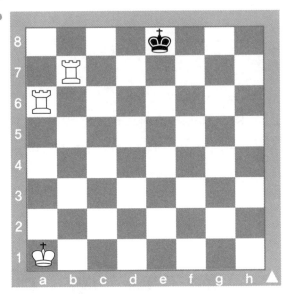

그림 17 | 5. Ra8 – 체크메이트(그림 18).

그림 18 ●

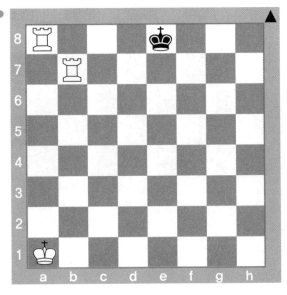

4. 룩에 의한 체크메이트

룩의 체크메이트도 다른 무거운 기물의 체크메이트와 같이 체스 보드의 가장자리나 구석에서 이루어진다. 공격하는 편의 킹이 체크메이트에 활발하게 참여하는데, 룩 한 개로는 킹을 메이트시킬 수 없기 때문이다.

> **계획**
> 1) 룩의 도움을 받아 체스 보드의 가장자리나 구석으로 킹을 압박한다.
> 2) 체크메이트한다.
> 주의 : 퀸과 달리 상대방의 킹은 룩을 습격할 가능성이 있다.

● 제1단계

그림 19 | 이를 위해서는 먼저 킹을 중앙에서 몰아내야 한다.

1. Rh5 Kd6(이제 중앙에서 킹을 한 줄 더 뒤로 몰아내기 위해서는 오포지션 상태에서 제6랭크에서 체크해야 한다). 2. Kc3 Ke6 3. Kd4 Kf6 4. Ke4 Kg6 5. Ra5(제5랭크를 내주어서는 안 된다). Kh6 6. Kf4 Kg6 7. Rb5!(7. Kg4?! 흑 킹이 움직인다. 7... Ke6 퀸 사이드에서 다시 흑 킹을 쫓아야 한다). Kh6 8. Kg4 Kg6 9. Rb6+ Kf7 10. Kf5 Ke7 11. Rh6! Kd7 12. Ke5 Kc7 13. Kd5 Kb7 14. Kc5

Ka7 15. Kb5 Kb7 16. Rh7+ Kc8(마침내 흑 킹을 제8랭크로 압박했
다).

그림 19 ●

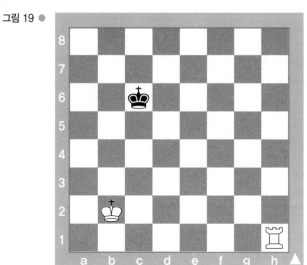

● 제2단계

그림 20 ●

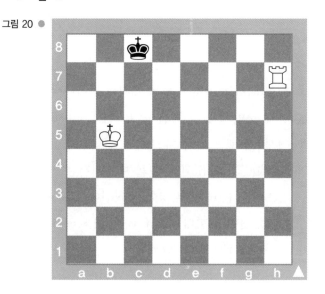

그림 20 | 17. Kc6 Kd8 18. Ra7! Ke8 19. Kd6 Kf8 20. Ke6 Kg8 21. Kf6 Kh8 22. Kg6 Kg8 23. Ra8 – 체크메이트(그림 21).

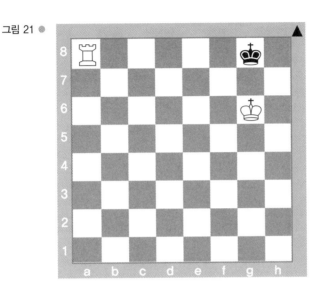

그림 21 ●

다른 방법으로 킹을 마지막 라인으로 압박할 수 있다. 이때 룩이 킹을 돕는다.

● 제1단계

그림 19 | 1. Rh5 Kd6 2. Kc3 Ke6 3. Kd4 Kf6 4. Ke4 Kg6 이제 5. Ra5 그저 5. Rf5 Kh6 6. Kf4 Kg6 7. Ke5(7. Rg5+?! Kf6) Kg7(7... Kh7 8. Rg5-목적은 달성되었고 직접 체크메이트로 들어가도 된다). 8. Rf6 Kh7 9. Ke6 Kg7 10. Kf5 Kh7 11. Rg6 Kh8(1단계가 끝났다!)

● 제2단계

그림 22 ●

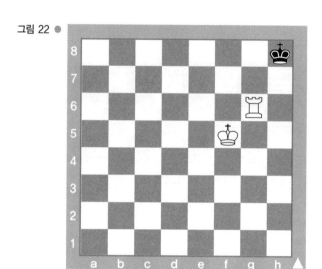

그림 22 | 12. Kf6 Kh7 13. Rg1 Kh8 14. Kf7 Kh7 15. Rh1 -체크
메이트(그림 23).

그림 23 ●

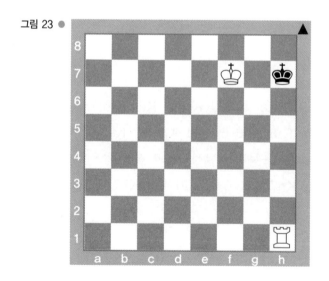

그림 24 ●

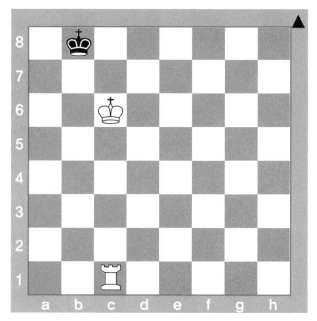

흑 행마. 백이 우세하다.

그림 24 | 이 위치에서는 흑 킹이 이미 마지막 수평선에 위치해 있다. 즉, 체크메이트를 하는 것만이 남았다.

1... Kc8 2. Rd1(킹의 중앙 이동을 허용하지 말고) Kb8 3. Rd8+ Ka7 4. Rc8(e8, d8, f8, g8, h8) Ka6 5. Ra8-체크메이트

그림 25 ●

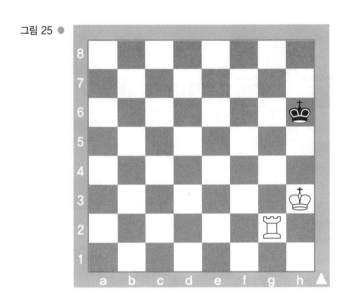

그림 25 │ 1. Kh4 Kh7 2. Kh5 Kh8 3. Kg6!(3. Kh6?-스테일메이트) Kg8 4. Rf2 Kh8 5. Rf8#.

주의 : 비김수를 조심해야 한다(그림 26, 27).

● 그림 26   ● 그림 27

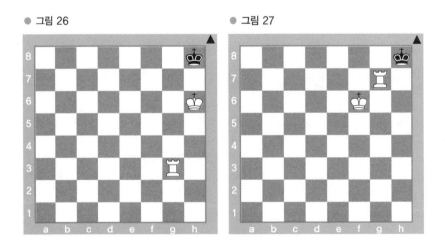

5. 가벼운 기물들로 고립된 킹에 체크메이트

1) 보드의 구석에서 두 개의 비숍으로 고립된 킹에 체크메이트를 하고 있다. 공격하는 쪽의 세 개 기물이 흑 킹을 압박하고 있다(그림 28).

그림 28 ●

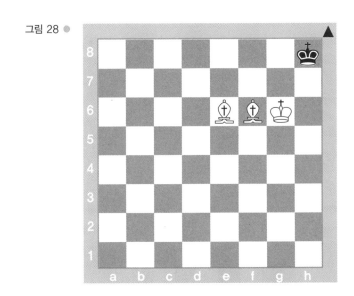

2) 비숍과 나이트로 고립된 흑 킹을 비숍에 의해 콘트롤되고 있는 보드 구석(다크 스퀘어)으로 몰고 있다. 공격하는 쪽의 세 개 기물이 흑 킹을 압박하고 있다(그림 29).

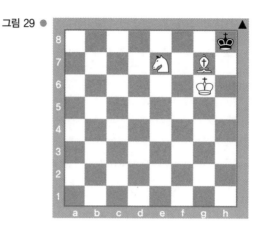

그림 29 ●

3) 두 개의 나이트로는 킹에게 체크메이트할 수 없다. 체크메이트할 수 있는 유일한 기회는 상대방의 어처구니없는 실수를 기다리는 것이다(그림 30).

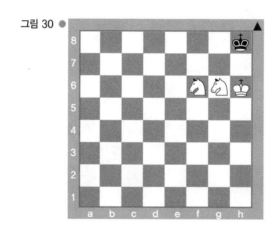

그림 30 ●

무승부로 만들기 위해서 고립된 킹은 중앙에 있어야 한다(고립된 킹의 정당한 게임시) 이론적 무승부이다.

4) 하나의 가벼운 기물(나이트나 비숍)로 고립된 킹에게 체크메이트할 수 없다. 이론적 무승부이다.

6. 고립된 킹을 체크메이트하는 다른 경우들

● **고립된 킹에 대항하는 킹, 비숍과 폰**

1) 비숍과 폰의 승리는 폰의 변신(승진)에 달렸다. 그래서 세 개의 기물로 체크메이트를 하게 된다. 폰을 퀸으로 승진하려면 폰을 킹이나 비숍으로 엄호하면서 상대방의 킹으로부터 보호하며 변신의 지대까지 데려와야 한다.

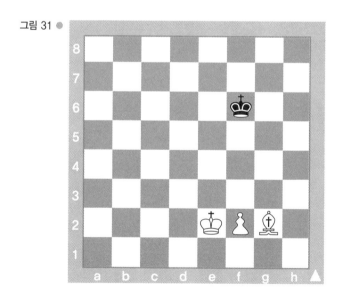

그림 31 ●

그림 31 | 킹의 보호하에 폰이 점점 목표 지점으로 다가가고 있다.

1. f4 Kf5 2. Kf3 Kf6 3. Kg4 Kg6 4. f5+ Kf6 5. Kf4 Kf7 6. Ke5
Ke7 7. f6+ Kf7(그림 32).

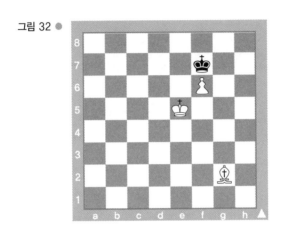

그림 32 ●

8. Bd5+(이제 비숍을 싸움에 끌어들일 수 있다). Kf8 9. Ke6 Ke8
10. Bc6+ Kf8(그림 33). 11. f7 Kg7 12. Ke7 다음 수로 폰이 퀸으로
승진.

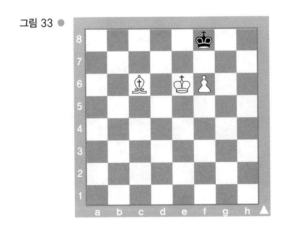

그림 33 ●

2) a파일이나 h파일의 가장자리 폰은 폰의 변신 지대와 같은 색깔의 비숍일 경우, 이 위치는 승산이 있다.

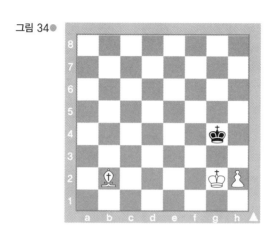

그림 34●

그림 34 | 킹과 비숍의 지지하에 폰은 점점 승진 장소로 가고 있다.
1. h3+ Kh4 2. Kh2 Kh5 3. Kg3 Kg5 4. h4+ Kh5 5. Kh3 Kg6 6. Kg4 Kh6(그림 35).

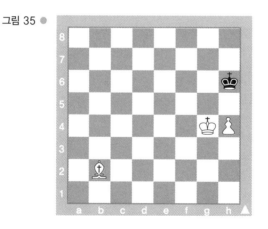

그림 35 ●

7. h5 **K**h7 8. **K**g5 **K**g8 9. **K**g6 **K**f8 10. h6 **K**g8(그림 36).

그림 36 ●

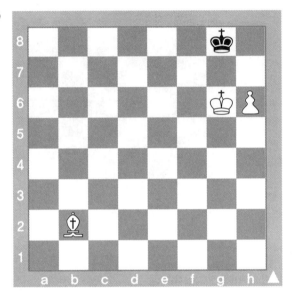

11. h7+(b2 비숍은 매우 중요한 역할을 한다. h8 칸을 상대방의 킹
에게서 빼앗는다). **K**f8 12. h8**Q**++−.

3) a파일이나 h파일의 승진 장소와 다른 색깔의 비숍일 경우, 이 위
치는 무승부가 된다. (고립된 킹의 정당한 게임시) 이론적 무승부이다.
이때 고립된 킹은 폰의 승진 장소를 자신이 콘트롤할 수 있는 곳에 두
든가 그 위치를 점해야 한다.

그림 37 ●

그림 37 | 1. Kg5 Kh7 2. h6 Kh8 3. Bc2(3. Kg6-스테일메이트)
Kg8 4. Kg6 Kh8!=.

백에 비숍이 없을 경우에도 무승부가 성립된다.

● **고립된 킹을 공격하는 킹, 나이트와 폰**

나이트와 폰의 승리는 폰의 승진에 달렸다. 따라서 세 개의 기물로
체크메이트를 하게 된다. 폰을 퀸으로 인도하려면 폰을 킹이나 나이트
로 엄호하면서 상대방의 킹으로부터 보호하며 변신의 지대까지 데려
와야 한다.

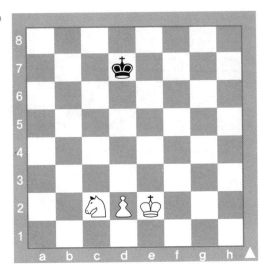

그림 38 ●

그림 38 | 킹과 나이트의 도움으로 폰은 큰 어려움 없이 마지막 랭크까지 오게 된다.

1. d4 Kd6 2. Kd3 Kd5 3. Ne3+ Kd6 4. Ke4 Ke6 5. d5+ Kd6(그림 39).

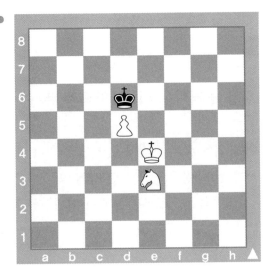

그림 39 ●

6. Nf5+ Kd7 7. Ke5 Kc7 8. d6+ Kd7 9. Kd5 Kd8 10. Ke6 Ke8(그림 40).

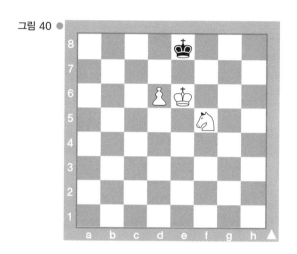

그림 40 ●

11. d7+ Kd8 12. Nh6(12. Kd6?−스테일메이트) Kc7(그림 41).

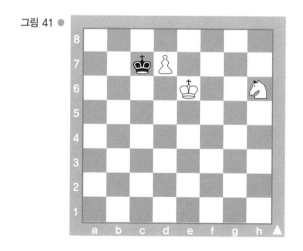

그림 41 ●

13. Nf7(나이트가 폰의 변신 지대를 콘트롤할 수 있는 위치로 이동한다). Kc6 14. d8Q+-.

그림 42 ●

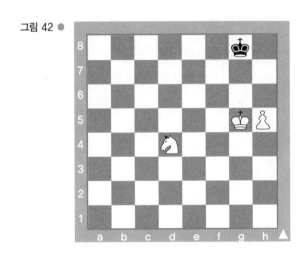

그림 42 | 비숍과 다르게 나이트와 함께 한 폰은 언제나 퀸으로 승

그림 43 ●

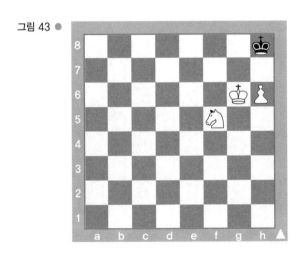

진된다. 나이트는 언제나 폰의 승진 장소를 콘트롤할 수 있기 때문이다.

1. Kg6 Kf8 2. h6 Kg8 3. Nf5(3. h7? Kh8 나이트를 움직이면 스테일메이트) Kh8(폰이 퀸으로 승진하기 위해서는 흑 킹을 h8에서 쫓아내야 한다)(그림 43).

4. Nd6(4. h7?-스테일메이트) Kg8 5. Nf7(폰의 승진 장소를 콘트롤하며) Kf8 6. h7 Ke7 7. h8Q+−.

연습

1 수 로 체 크 메 이 트

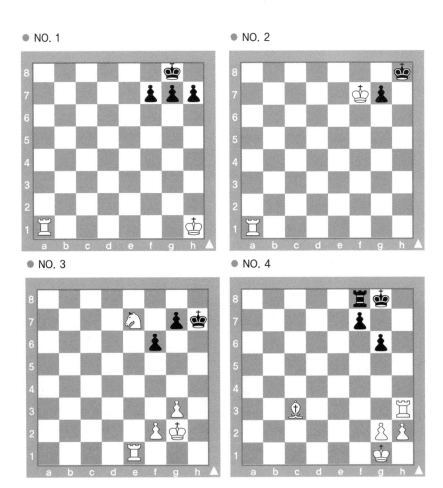

● NO. 1

● NO. 2

● NO. 3

● NO. 4

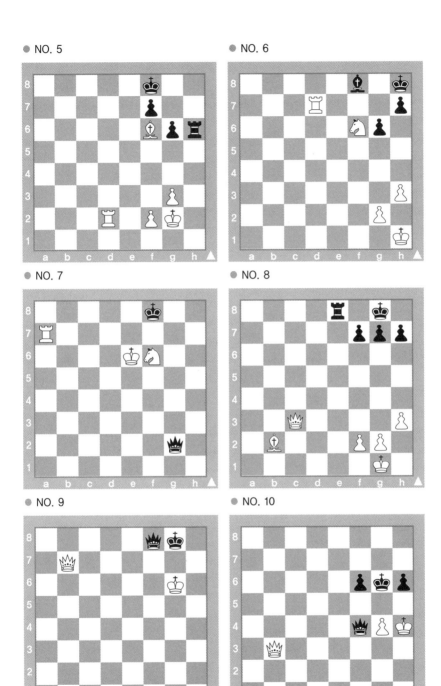

● NO. 5

● NO. 6

● NO. 7

● NO. 8

● NO. 9

● NO. 10

● NO. 11

● NO. 12

● NO. 13

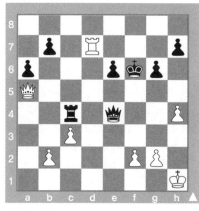

● NO. 14

● NO. 15

● NO. 16

● NO. 17

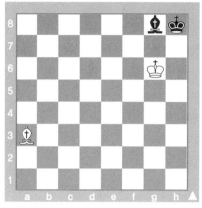

● NO. 18

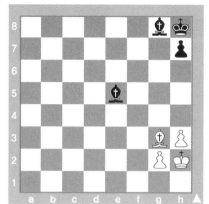

● NO. 19

● NO. 20

● NO. 21

● NO. 22

● NO. 23

● NO. 24

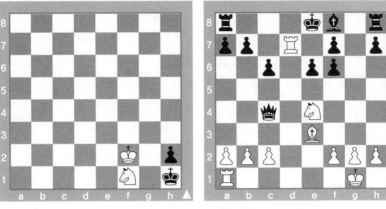

● NO. 25

● NO. 26

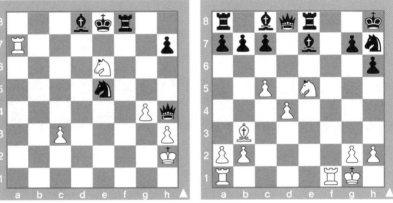

● NO. 27

● NO. 28

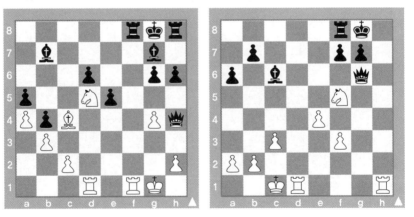

● NO. 29

● NO. 30

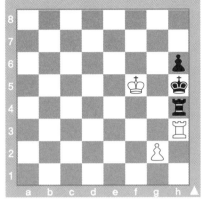

● NO. 31

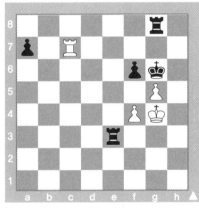

● NO. 32

● NO. 33

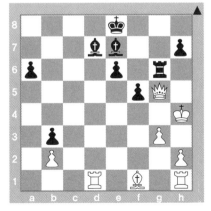

● NO. 34

● NO. 35

● NO. 36

● NO. 37

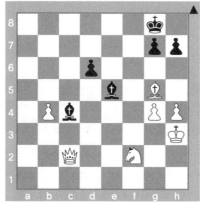

● NO. 38

● NO. 39

● NO. 40

● NO. 41

● NO. 42

● NO. 43

● NO. 44

● NO. 45

● NO. 46

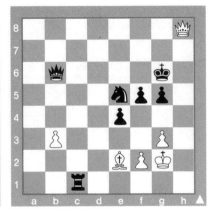

연습

2 수 로   체 크 메 이 트

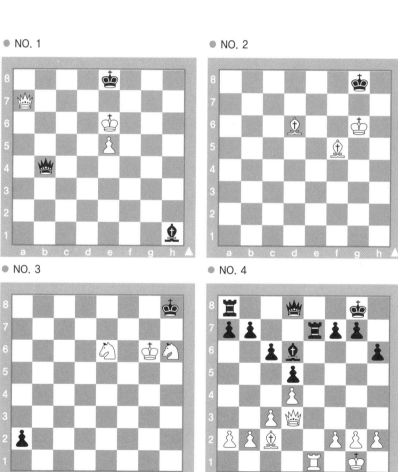

● NO. 1

● NO. 2

● NO. 3

● NO. 4

● NO. 5

● NO. 6

● NO. 7

● NO. 8

● NO. 9

● NO. 10

● NO. 11

● NO. 12

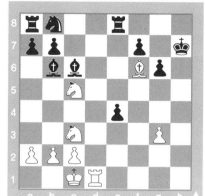

● NO. 13

● NO. 14

● NO. 15

● NO. 16

● NO. 17

● NO. 18

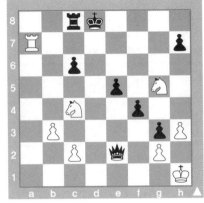

● NO. 19

● NO. 20

● NO. 21

● NO. 22

● NO. 23

● NO. 24

● NO. 25

● NO. 26

● NO. 27

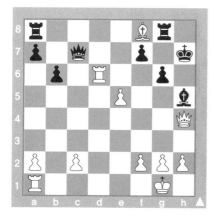

● NO. 28

● NO. 29

● NO. 30

● NO. 31

● NO. 32

● NO. 33

● NO. 34

● NO. 35

● NO. 36

● NO. 37

● NO. 38

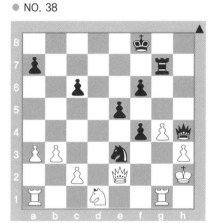

● NO. 39

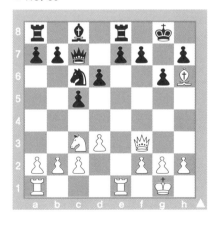

● NO. 40

● NO. 41

● NO. 42

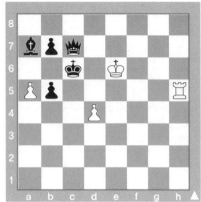

● NO. 43

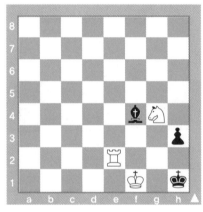

● NO. 44

● NO. 45

● NO. 46

● NO. 47

● NO. 48

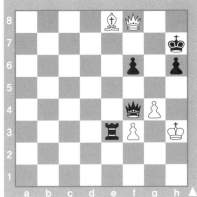

● NO. 49

● NO. 50

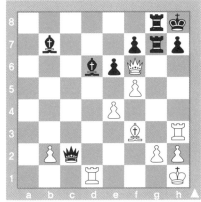

CHESS

대부분의 체스 선수들은 패배를 싫어한다. 그것을 수치스러운 것으로 여긴다. 이는 잘못된 시각이다. 완벽하기를 원하는 사람은 자신의 패배를 교훈으로 삼아 이를 연구해야 한다. 이것이 다음의 패배를 피하는 길이다. _ H. R. 카파블랑카

서론

"체스는 단순히 휴일에 즐기는 놀이 그 이상이다. 체스를 통해 우리는
사고력을 높이고 강화하며 이는 인간 삶에 매우 유용한 것이다."

– 벤자민 프랭클린

제2부는 이미 체스의 재미를 알고 각 기물들의 특성을 익혔고 체스 게임을 즐길 수 있으며 체스 공부를 계속하기를 원하는 사람들을 위한 것이다. 이제 무엇보다 단순한 콤비네이션을 잘 식별하는 법을 배워야 한다. 이점을 본서는 도울 수 있을 것이다.

제2부는 콤비네이션의 기반에 놓인 전술적 방법에 전체가 할애되었다. 체스에 관한 일반적 개관과 기초 코스를 내용으로 한 제1부의 후속인 셈이다. 본서로 공부할 때는 반드시 체스 보드에 기물을 놓아 가며 연습문제를 풀어야 한다. 이론적 수업은 실전 대국과 함께 이루어져야 한다. 경기의 모든 대국은 그 결과와 상관없이 면밀히 분석되어야 한다. 대국의 분석은 약점을 밝혀내고, 그것을 극복할 수 있도록 해준다. 체스 수업에서 중요한 것은 꾸준함이다. 경기 또한 정기적으로 참가해야 한다.

본서의 기본적인 자료는 별도 해설을 덧붙였다. 즉, 인용, 기본 정의, 권고, 규칙, 계획, 주의, 그리고 도표와 연습문제이다.

1. 기본 정의

위협 | 자신의 행마를 통해 상대편에게 해를 입힐 수 있는 가능성.

타격 | 기물을 제거하거나 직접적으로 위협하는 행마.

공격 | 위협하는 행마.

체크 | 킹을 공격하는 것.

방어 | 공격에 대한 대항 행마, 위협의 제거.

평등 교환 | 보드상에서 수적 평등을 유지해 주는 상호 제거.

불평등 교환 | 수적 우세거나 수적 열세를 가져오는 상호 제거.

주도 | 상대방에게 끊임없는 위협을 가하는 활발한 경기.

체크메이트 그물 | 상대방의 킹을 체크메이트하기 위한 기물들의 콤비 플레이.

오픈 파일(열린 라인) | 한 개의 폰도 놓여 있지 않은 라인.

세미 오픈 파일(반쯤 열린 라인) | 상대방의 폰만 놓여 있는 라인.

수적 우세 | 기물의 수나 가치면에서 상대방에 대해 우세한 것.

위치적 우세 | 수적 평형 가운데 양편 중 한편의 기물과 폰이 더 좋은 위치를 점하고 있는 상태. 폰들의 구조나 열린 라인, 중요한 전략적 지점의 확보 여부, 그리고 기물들의 적극성 등에 위해 결정된다.

희생 | 후에 일정한 이득을 취할 목적으로 의도적 양도를 하는 것.

전술적 타격 | 일정한 이득을 취할 목적으로 상대방의 위치적 결함

을 이용하는 행마. 보통 희생과 연결되어 있음.

콤비네이션 | 위치의 구체적 특징들을 현실화시키고 체크메이트에 들어가거나 수적 이득을 취하는 여러가지 전술적 방법들을 이용하는 강공책.

콤비네이션의 목적 | 체크메이트, 수적 우세.

콤비네이션의 모티브 | 탐색의 방향과 콤비네이션의 실현을 위한 기회를 결정짓는, 방어되지 못한 기물이나 중요 지대, 활성화되지 못한 기물, 킹의 잘못된 위치, 킹 주위의 약한 지대 그리고 열린 라인 등 위치 자체에 놓여진 출발 목표.

콤비네이션의 아이디어 | 어떤 방법을 사용할 것이냐, 어떤 방식으로 콤비네이션을 실현시킬 것이냐를 결정짓는 콤비네이션의 기초에 놓여진 구상.

강공 | 양편 중 한편이 강제의 방법(체크나 강력한 위협)으로 엄격히 제한된 행마를 해야만 하게끔 만드는 것.

수 읽기 | 자신의 가능한 행마와 상대방의 대항 행마를 살피는 것.

전술적 실수 | 상대방의 콤비네이션 위협의 오산.

2. 전술적 방법

● 전술의 요소와 전술방법

체스 초보자에게 성공적인 게임을 위해 무엇보다도 수적 우세를 점하는 법을 배우는 것이 중요하다. 단 하나의 폰의 수적 우세가 결국 승리를 거두는 요인이 될 수 있다. 이를 위해서는 콤비네이션의 시각을 발전시키고 콤비네이션의 바탕에 깔린 전술적인 방법들을 습득해야 한다. 전술적인 방법들은 강제의 방법론에 기초해 있고 공격과 방어의 강력한 무기이다. 수적 우세를 점하기 위해서는 위협과 공격, 유리한 교환의 실현과 같은 능동적인 행동이 요구된다.

전술의 요소로는 공격(체크), 위협, 희생과 교환 등이 있다.

기본적 방법
1) 이중 타격, 동시 공격
2) 시초 공격, 시초 체크, 이중 체크, 맷돌
3) 구속, 상대적 구속
4) 관통하는 타격

보조적 방법
5) 유인
6) 주의 분산, 과잉적재

7) 방어벽 제거

8) 차단

9) 봉쇄 연합

10) 지대와 라인의 해방

11) 라인과 대각선의 해빙

12) 지대의 점령

그외의 전술적 방법

13) 중간 수(체크)

14) 속도의 승리

15) 폰의 변신

16) 쭉쯔방

17) X 선

18) '덫'

19) 함정

자기방어의 방법

20) 역공

21) 비김수

22) '영원한 체크'

23) 이론적 무승부(단순화)

24) 위치적 무승부

킹을 공격하는 방법

25) 킹의 추출

26) 킹에 대한 폰의 엄호의 파괴

27) 마지막(처음) 랭크에서의 체크메이트

3. 기본적 전술 방법

● 이중 타격, 동시 공격

이중 타격(double attack) | 기물이나 폰이 동시에 상대방의 두 개의 목표(킹, 기물, 장소)를 공격하는 방법을 말한다. 공격하에 놓여진 기물의 수에 따라 삼중 타격 등등이 있다. 이중 타격은 킹과 방어되고 있지 않은 기물이 동시에 대상이 될 때 특히 위험하며, 모든 기물이 행할 수 있다.

그림 1 | 회색 원으로 공격하는 기물들이 표시되어 있고, 갈색 원으로 공격에 놓인 기물들이 표시되어 있다.

그림 1 ●

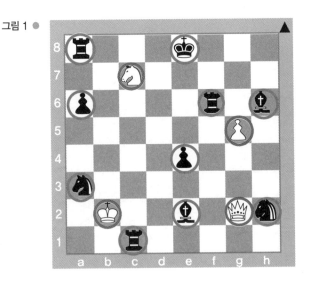

그림 2 | 1. Qd3+ 백 퀸이 체크와 동시에 e2의 룩을 공격한다.

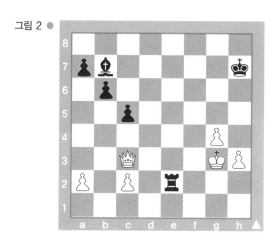

그림 2 ●

그림 3 | Kim−Burlachenko, Moscow 1999.

　1. Nc7! 여기서 흑의 실수가 나왔다. 1... Qe7?(1... R:d4 2. N:e6+, 삼중 타격) 2. Qe5! 이 수가 좋은 수다. 2... Q:e5 3. fe 나이트가 공격하에 놓였고 백은 Ne6을 노리고 있다.

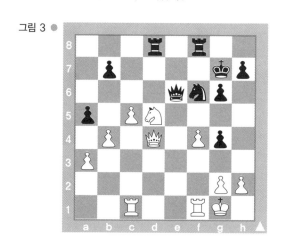

그림 3 ●

나이트나 폰에 의한 이중 타격을 '포크'라고 부른다.

그림 4 | 1. Ne7+, '체크'와 흑 퀸을 동시에 공격한다.

그림 4 ●

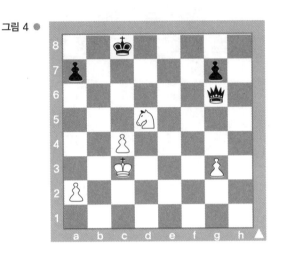

그림 5 | 1. b4, 폰이 퀸과 나이트를 공격한다. 흑은 나이트를 내주어야 한다.

그림 5 ●

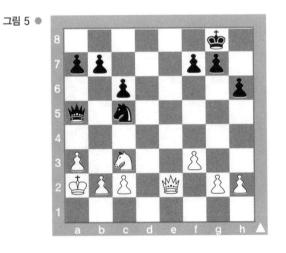

동시공격 | 여러 기물이나 폰에 의해 적의 두 개 이상의 대상(킹, 기물, 지대)이 동시에 공격당하는 전술 방법이다.

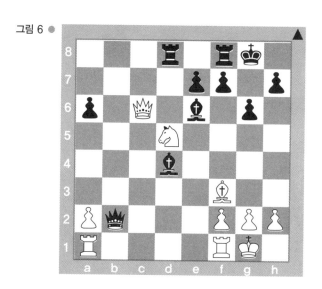

그림 6 | Degenhardt-Dalander, BRD 1967.

1... B:d5 2. B:d5 Qb5(백의 룩과 비숍이 공격하에 놓였다. 이때 룩은 비숍에 의해, 비숍은 퀸과 룩에 의해 공격받고 있다) 3. Q:b5 ab 4. Rad1 R:d5 흑은 비숍이 유리하다.

독립적 해결을 위해

● NO. 1

● NO. 2

● NO. 3

● NO. 4

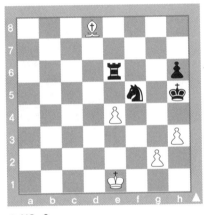

● NO. 5

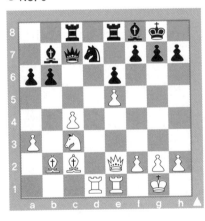

● NO. 6

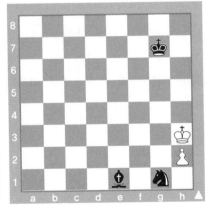

● NO. 7

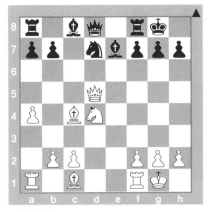

● NO. 8

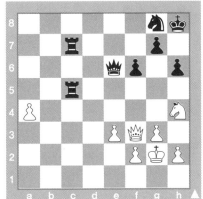

● NO. 9

● NO. 10

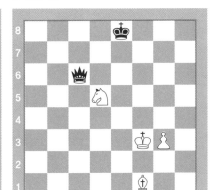

● NO. 11

● NO. 12

● 디스커버 공격, 디스커버 체크, 더블 체크, 맷돌

디스커버 공격(discover attack) | 중간에 있는 자신의 기물을 이동하면서 하는 퀸, 룩 또는 비숍의 공격.

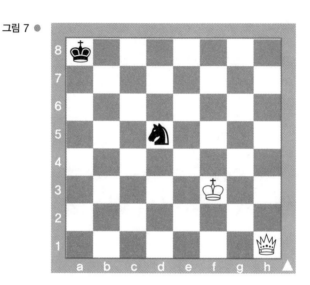

그림 7 ●

그림 7 | 1. **Kg4** 킹을 이동하면 h1-a8의 대각선이 열리면서 Nd5가 핀에 걸려 잡힌다.

이동하는 기물이 자신의 기물과 적의 킹 사이에 놓여 있다면 이것은 '디스커버 체크'다. 디스커버 체크는 디스커버 공격의 특수한 경우다.

그림 8 | 1. Kd5+ 킹이 이동하면 백은 흑 킹에게 체크를 주게 될 h1–a8의 대각선이 열린다.

그림 8 ●

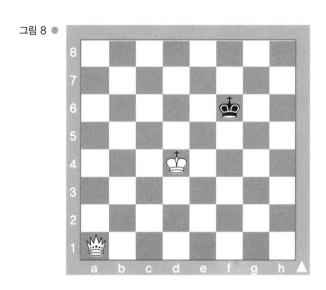

디스커버 체크(discover check) | 이동하는 기물이 자신의 안전을 생각하지 않고 적을 공격할 수 있기 때문에 매우 강력한 전술적 무기이다.

더블 체크(double check) | 이동하는 기물이 체크하는 디스커버 체크의 변종이다. 더블 체크로부터 방어는 단 한 가지로, 킹의 이동이다.

그림 9 | 1. Nc6+이나 Ne6+ 백이 더블 체크를 한다.

그림 9 ●

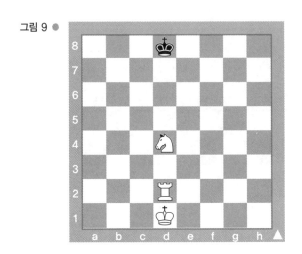

그림 10 | 나이트의 이동이 체크가 된다. 나이트가 원으로 이동시 백은 디스커버 체크를 하고, 별표로의 이동시 백은 더블 체크를 한다.

그림 10 ●

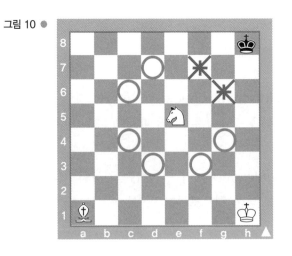

그림 11 | Kim-Boer, Moscow 1996.

1. c6 bc(d7의 나이트를 움직이면 cb 다음 **B**:a6으로 폰을 잡는다)
2.dc+ d5(킹을 움직이면 나이트 d7을 잃는다) 3. **B**:d5+!? **N**:d5 4.
cd!(c7의 룩이 공격받고 있어 d5의 나이트를 살릴 수 없다)

그림 11 ●

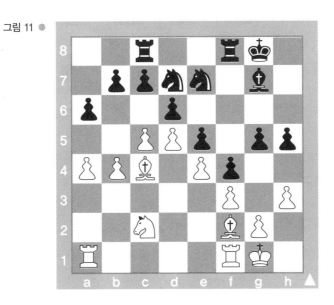

그림 12 | 1. e4 e5 2. Nf3 Nf6 3. **N**:e5 N:e4? 4. **Q**e2 Nf6??로 된
장면이다.

여기서 5. Nc6+ 다음 퀸을 잡아 승리가 결정적이 된다.

그림 12 ●

그림 13 │ 백색 킹은 h2로 한 칸의 퇴각이 있을 뿐이다. 'h'라인에
서의 모든 체크는 체크메이트로 끝나게 된다.

　1... h5!!(1... Qh6+?? 2. Rh5) 2. R:g5 hg+ 3. Rh5 R:h5#.

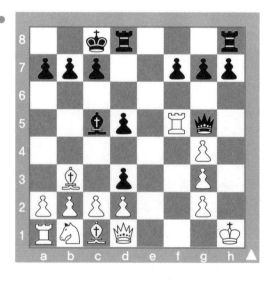

그림 13 ●

맷돌 ┃ 디스커버 체크의 특수한 경우이다. 맷돌의 의미는 디스커버 체크의 도움으로 기물을 잡는 데 있다.

그림 14 ●

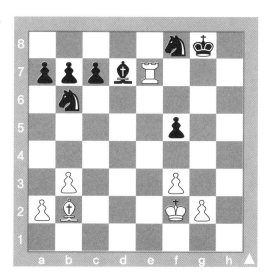

그림 14 ┃ 1. Rg7+! kh8 2. R:d7+ kg8(체크이므로 룩을 잡을 수 없다) 3. Rg7+! kh8 4. R:c7+ kg8 5. Rg7+! kh8 6. R:b7+ kg8 7. Rg7+! kh8 8. R:a7+ kg8 9. Rg7+! kh8(디스커버 체크의 도움으로 백은 제7랭크에 있는 모든 기물과 폰을 잡는다) 10. Rg6+(10. Rb7+) kh7 11. R:b6 승리.

독립적 해결을 위해

● NO. 1

● NO. 2

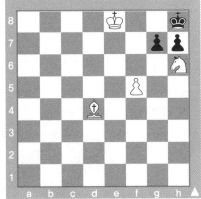

● NO. 3

● NO. 4

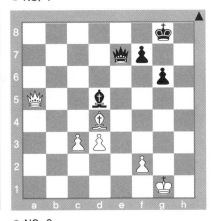

● NO. 5

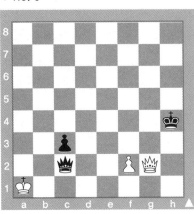

● NO. 6

● NO. 7

● NO. 8

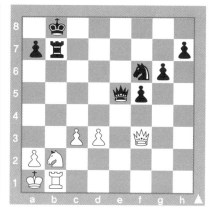

● NO. 9

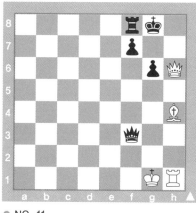

● NO. 10

● NO. 11

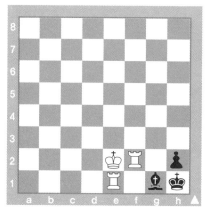

● NO. 12

● 핀, 상대적 핀

핀(pin) | 기물(비숍, 룩 또는 퀸)이 킹을 가리고 있는 적의 기물이나 폰을 공격할 때 쓰는 방법이다. 상대방의 다른 기물이 가릴 경우 이런 구속을 '상대적 핀'이라고 한다.

핀은 수직, 수평, 대각선을 따라 이루어지며, 기물을 전적으로 무력하게 한다. 구속되는 기물은 다음 공격의 대상이 된다.

그림 15 | 회색 원으로 표시된 기물은 '핀하는', 즉 공격하는 기물이고, 연갈색으로 표시된 것은 '핀당하는' 기물이다. 갈색으로 표시된 것은 '핀당하는' 기물을 가리고 있는 기물이다.

그림 15 ●

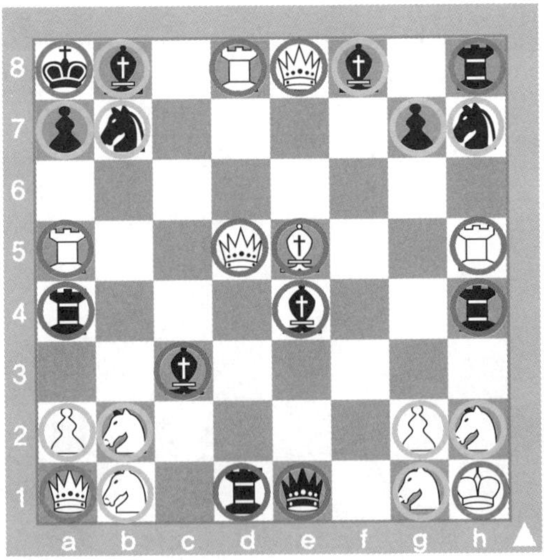

그림 16 | Kim Andrey-Matsokina, Moscow.

이 위치에서는 1. R:g6! 이후 흑색은 자신의 패배를 인정했다. f7의
폰이 b3 비숍에게 핀당해 있으므로 룩을 잡지 못하기 때문이다.

그림 16 ●

그림 17 | 1. N:d5 다음 흑은 d5의 나이트를 잡을 수 없다. 1...
N:d5면 2. B:d8로 퀸이 잡힌다.

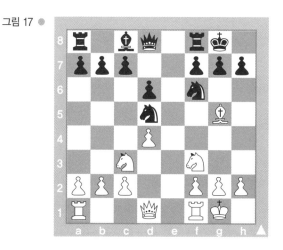

그림 17 ●

그림 18 | Makogonov–Chekhover, Tbilisi 1937.

1... **Rf8**(흑이 백 퀸을 핀한다) 2. **Rd8!**(이번에는 백이 흑 룩을 핀한다) **Qh4+** 3. 백 킹이 움직이면 ...**Q:f6**.

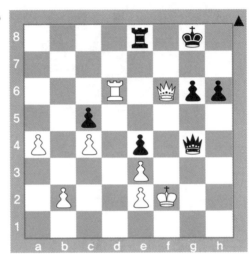

그림 18 ●

핀에서 벗어나는 방법

1. 공격하는 기물을 압박한다.

2. 킹의 엄호벽을 보충한다.

상대적 핀에서 벗어나는 방법

1. 체크나 강력한 위협으로 핀된 기물을 이동한다.

2. 체크나 강력한 위협으로 핀된 기물의 뒤에 위치한 기물을 이동한다.

3. 핀된 기물과 그 뒤에 위치한 기물 사이에 접촉을 확립한다.

그림 19 | 1... Rb1+! 2. Kf2 B:e4(이제 비숍이 b1에 있는 룩을 방어한다) 3. R:b1 B:b1 흑은 비숍이 유리하다.

그림 19 ●

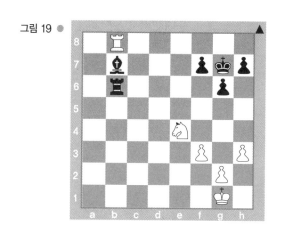

그림 20 | Gunina-Rakitskaja, Samara 2005(var).

백 나이트는 핀되었다. 흑의 두 개의 공격이 있기 때문에 나이트의 c4로의 이동도 도움이 되지 못한다. 그래서 1. Ra:c3! R:a5 2. Rc8+ R:c8 3. R:c8#.

그림 20 ●

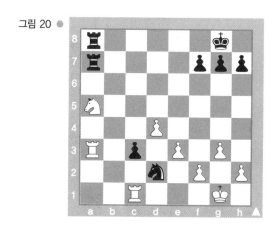

독립적 해결을 위해

● NO. 1

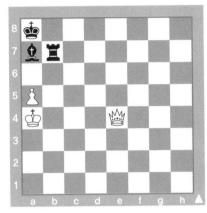

● NO. 2

● NO. 3

● NO. 4

● NO. 5

● NO. 6

● NO. 7

● NO. 8

● NO. 9

● NO. 10

● NO. 11

● NO. 12

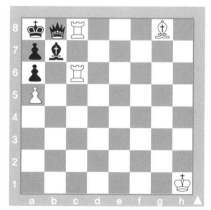

● 스큐어(skewer)

기물(비숍, 룩, 퀸)이 같은 라인(수평, 수직, 대각선)에 있는 적의 두
개의 기물을 공격할 때 쓰는 방법이다. 이때 두 개 중 더 가치 있는 것
은 첫번째 것이다. 이것이 움직이면 뒤에 위치한 덜 가치가 있는 기물
을 제거한다.

그림 21 | Shendler-Putiatin, USSR 1972.
1. Q:h7+ 후에, 흑 킹이 움직이면 2. Q:c7로 퀸을 잡는다.

● 그림 21   ● 그림 22

그림 22 | Almasi-Disdarevic, 1993.
1. Qh3+(킹은 퀸과 같은 대각선으로 압박당한다) K:f4 2. Qg3+
(스큐어) Ke4 3. Q:b8 1:0.

독립적 해결을 위해

● NO. 1

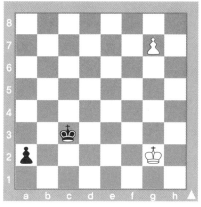

● NO. 2

● NO. 3

● NO. 4

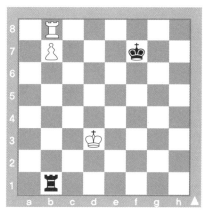

● NO. 5

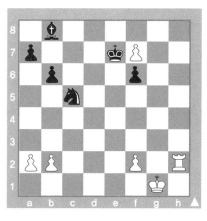

● NO. 6

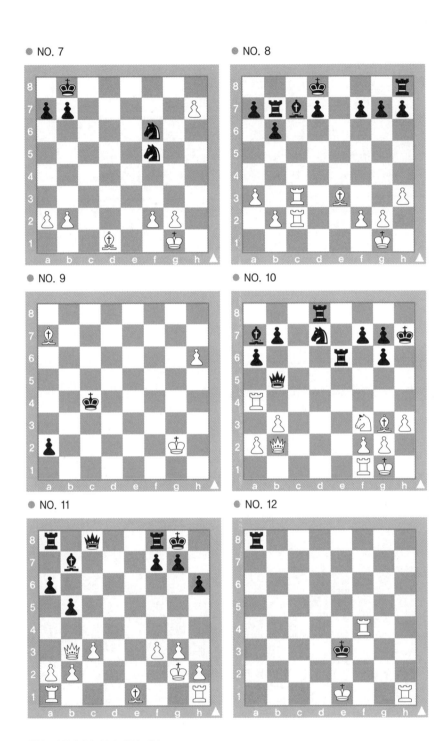

● NO. 7

● NO. 8

● NO. 9

● NO. 10

● NO. 11

● NO. 12

4. 보조적 전술방법

 유인

유인 | 적의 기물을 이로운 위치로 희생양을 이용해 유인하는 방법이다.

> 주의 | 희생양을 들이미는 것은 위험한 일이다. 희생을 결정하기 전에 여러 방법을 면밀히 고려해야 한다.

그림 23 | 1. B:f7+(비숍을 희생양으로 킹을 f7로 유인한다) K:f7 2. Ne5+ 흑 킹과 d4의 룩이 포크에 처한다.

그림 23 ●

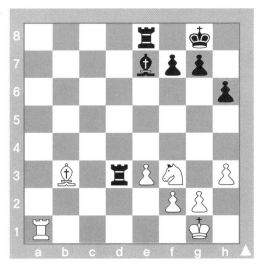

그림 24 | Novotelnov-Chistjakov, Tbilisi 1949.

1... Q:g3+(퀸을 희생양으로 킹을 체크메이트 존으로 유인한다) 2.
K:g3 Be5#.

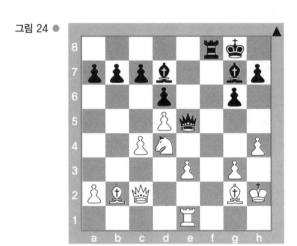

그림 24 ●

모든 기물을 '유인' 할 수 있다. 이번에는 퀸.

그림 25 | 1. d6 Q:d6 2. Nf5 나이트 포크이다.

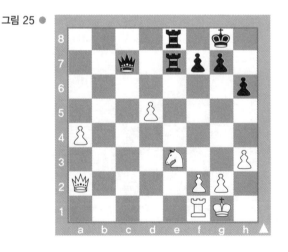

그림 25 ●

독립적 해결을 위해

● NO. 1

● NO. 2

● NO. 3

● NO. 4

● NO. 5

● NO. 6

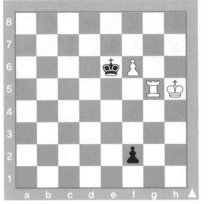

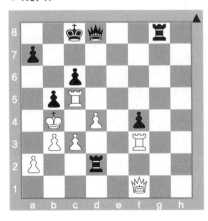

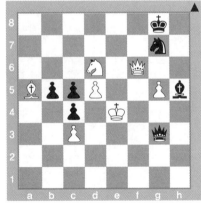

● 주의 분산, 과잉적재

주의 분산 | 희생양으로 상대방의 기물이나 폰을 공격하려는 대상의 방어로부터 주의를 분산시키는 방법이다. 주의 분산은 중요한 지대의 방어시 응용되기도 한다. 기본적으로 주의 분산의 목적은 비판적 지대를 방어하고 있는 기물이다.

비판적 지대 | 공격과 방어가 평형을 이루고 있는 장소를 말한다. 즉, 공격의 양과 방어의 양이 같은 경우이다.

그림 26 | Chekhover-Sokolsky, Leningrad 1947.
백색 퀸이 f2 비숍을 방어한다.
1... Ba6! 퀸을 방어에서 주의 분산시킨다. 2. Q:a6 Q:f2#.

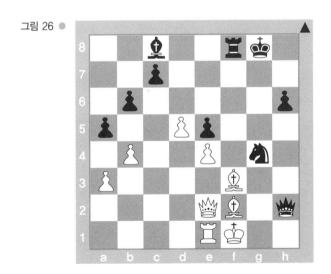

그림 26 ●

그림 27 | 흑은 제8랭크가 약하다. b7의 룩도 퀸이 방어하고 있다.

1. **Q:b7!**(흑 퀸의 d8 지역 방어를 주의 분산시키고 있다) **Q:b7** 2. **Rd8#.**

그림 27 ●

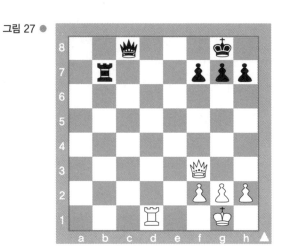

그림 28 | Kim-Kosintseva N., Vladimir 2002(var).

그림 28 ●

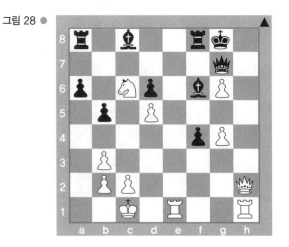

1... B:g4? 2. Ne7+!(킹의 방어에서 비숍을 주의 분산시키며) B:e7
3. R:e7! Q:e7(마지막 방어 기물인 퀸을 주의 분산시키며) 4. Qh8#.

과잉적재(over load) | 주의 분산의 특이한 경우로, 한 기물이 자신
의 두 개의 기물을 동시에 방어할 수 없는 상태를 가리킨다.

그림 29 | 1. Rh7+(흑은 룩을 잃어버리기 때문에 킹을 움직일 수
없다) Re7 2. R:c7+(킹을 e7 룩의 방어로부터 주의 분산시키며) K:c7
3. R:e7+ 여분의 룩과 남겨지며.

그림 29 •

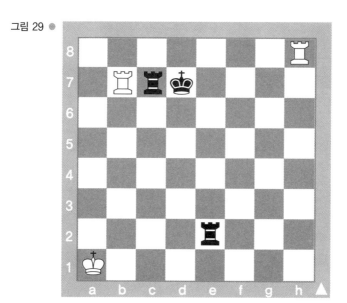

독립적 해결을 위해

● NO. 1

● NO. 2

● NO. 3

● NO. 4

● NO. 5

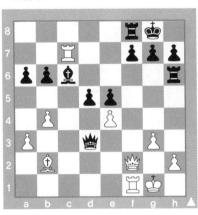

● NO. 6

● NO. 7

● NO. 8

● NO. 9

● NO. 10

● NO. 11

● NO. 12

● 방어벽 제거(removing the defender)

희생양으로써 주요 기물이나 지대를 방어하고 있는 적의 기물을 제거하는 방법이다. 이 결과로 주요 기물을 잡거나 결정적인 약진을 하게 된다.

그림 30 | 만약 'c6'에 나이트가 없었다면, Qb8+ 후에 'a7'에 있는 룩을 잃었을 것이다. 그러므로 1. B:c6(b8 지대의 방어자를 제거하며) Q:c6 2. Qb8+ Qc8 3. Q:a7 백은 룩 하나가 유리하다.

그림 30 ●

그림 31 | 흑 킹은 어떤 행마도 할 수 없는 상태이지만 성급해서는 안 된다. 1. b6+ B:b6 2. ab+ Kb6 후에 흑은 방어된다. 1. Q:d4+! 퀸을 희생양으로 백은 b6의 유일한 방어자인 비숍을 제거한다. 1...R:d4 2. b6#.

그림 31 ●

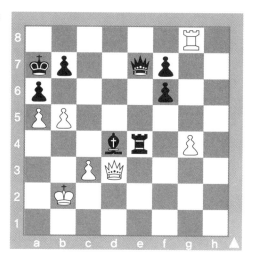

그림 32 | Deviatkin-Kim,Moscow 2001.

1... **R**:d6(흑은 c5의 방어를 제거한다) 2. cd**Q**c5+ 3. **Rf2 Q**:a3 흑
은 나이트 하나가 유리하다.

그림 32 ●

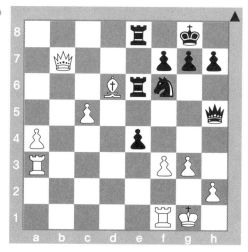

독립적 해결을 위해

● NO. 1

● NO. 2

● NO. 3

● NO. 4

● NO. 5

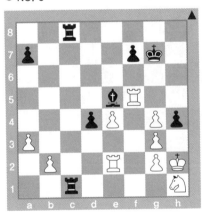

● NO. 6

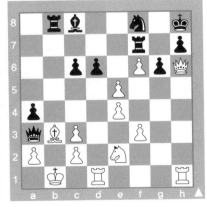

● NO. 7

● NO. 8

● NO. 9

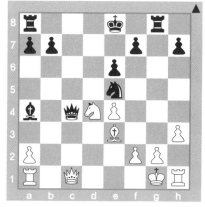

● NO. 10

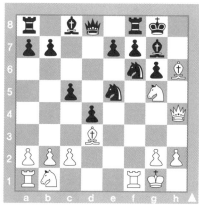

● NO. 11

● NO. 12

● 차단

희생양으로 라인을 차단하는 방법이다. 이로써 상대방의 기물들의 연결이 끊어지거나 중요한 지대로의 접근이 차단된다.

그림 33 | Maderna-Villegas, Mar del Plata 1943.
1. Bg7+(비숍을 희생양으로 백색은 흑색 퀸을 h7 폰의 방어로부터 차단한다) B:g7 2. Q:h7#.

그림 33 ●

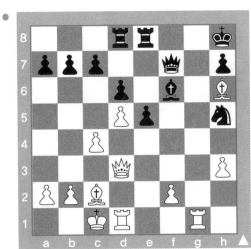

그림 34 | Levenfish-Rozental, Moscow 1924 .
1. d5! 백은 f3의 룩을 움직이려는 의도이다.
1... ed나 1... N:d5면 2. Rg3+ Kh6 3. Qh4#; 1... Q:d5면 2. Qf6+ Kg8 3. Q:f7+ Kh8 4. Qf8#.

그림 34 ●

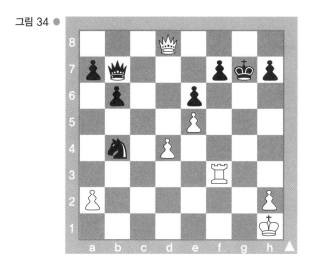

그림 35 ┃ 1. b7 Rb2 무승부. 그래서 폰이 퀸으로 승진할 수 있도록 'b' 라인을 차단하려고 시도해야 한다.

1. Bb5+! ab 2. b7 Rd2+ 3. Kc7 Rc2+ 4. Kb6 백 킹은 체크로부터 숨겨졌고 폰의 승진이 보장되었다.

그림 35 ●

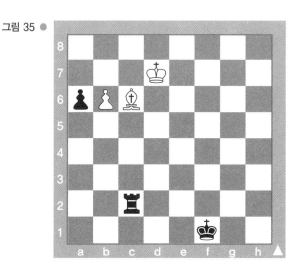

독립적 해결을 위해

● NO. 1

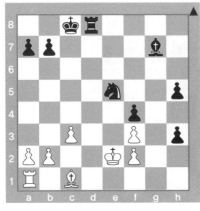

● NO. 2

● NO. 3

● NO. 4

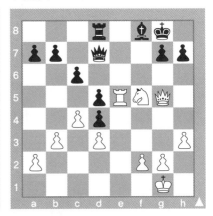

● NO. 5

● NO. 6

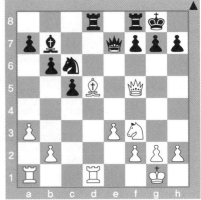

● NO. 7

● NO. 8

● NO. 9

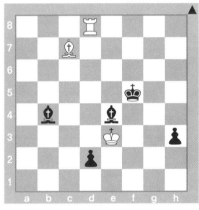

● NO. 10

● NO. 11

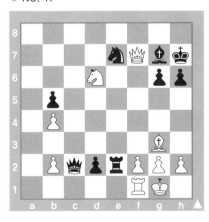

● NO. 12

● 봉쇄 연합

희생양으로, 다음번 공격 대상이 되는 기물의 가는 길을 봉쇄하기 위해 상대방의 기물을 유인하는 방법이며, 유인의 여러 종류 중 하나이다. 봉쇄 연합으로 적의 기물들의 활동성은 감소된다.

그림 36 | 1... g5+ 2. K:h5 Qe2+!(백 킹이 도망 갈 장소를 빼앗으며, 만약 성급하게 2... Qe8+이면 3. Kg4 백 킹이 추적에서 벗어난다) 3. g4 Qe8#.

그림 36 ●

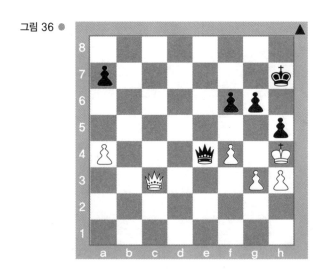

그림 37 | 1. f6(킹의 길을 차단하며) gf(이제 자신의 것이 킹의 길을 차단한다) 2. g6!(패스트 폰 h을 만들며) hg 3. h6 폰이 방해받지 않고 퀸에게로 행마한다.

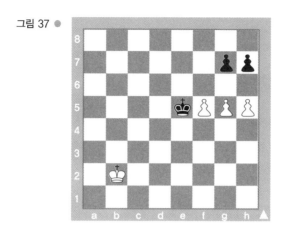

그림 37 ●

'짓눌린(smothered) 체크메이트' | 보드 구석에 자신들의 기물들에 의해 봉쇄되어 있는 킹의 체크메이트.

그림 38 | 1. Nf7+(나이트가 다음 더블 체크를 노리고 있다) Kg8 2. Nh6+ Kh8(2... Kf8이면 3. Qf7#) 3. Qg8+(퀸을 희생양으로 흑 킹이 봉쇄되고 있다) R:g8 4. Nf7#.

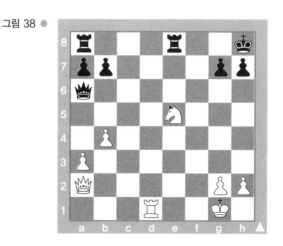

그림 38 ●

독립적 해결을 위해

● NO. 1

● NO. 2

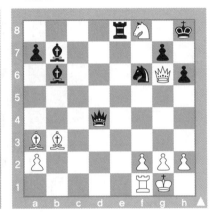

● NO. 3

● NO. 4

● NO. 5

● NO. 6

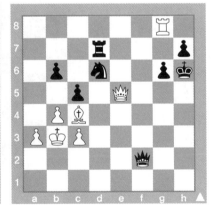

● NO. 7

● NO. 8

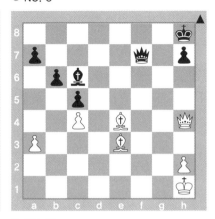

● NO. 9

● NO. 10

● NO. 11

● NO. 12

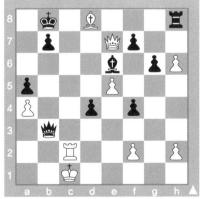

● 지대와 라인의 해방

희생양으로써 기물들의 활동을 활성화시키는 것을 말한다. 지대나 라인은 자신의 기물이나 폰으로부터 자유로워진다.

그림 39 | Benko-Fuster, Portoroz 1958.
흑은 킹의 방어가 약해졌다. 비숍 e3는 자신의 퀸이 h6 지대로 가는 것을 방해한다. 그래서 1. Bb6! 비숍은 급히 대각선을 해방시킨다. 그래서 흑은 동시에 두 군데를 방어할 가능성이 없다. 1... N:b6 2. Qh6#.

그림 39 ●

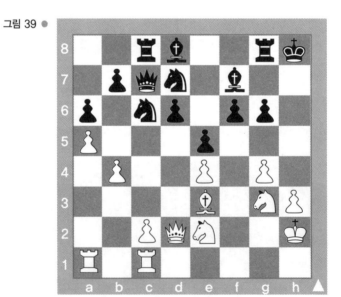

그림 40 | Lisitsyn-Zagorjansky, Moscow 1936.

흑 킹이 덫에 걸려 있다. 체크하는 일이 남았을 뿐이다. g7 지대에서 하는 것이 좋겠다. 그러나 아직 룩이 버티고 있다. 그러므로 1. Rh7+ 가야 한다. g7 지대를 해방하면서(1. Rg8은 악수 R:g8이면 그만이다) 1... N:h7 2. Qg7#.

그림 40 ●

독립적 해결을 위해

● NO. 1

● NO. 2

● NO. 3

● NO. 4

● NO. 5

● NO. 6

● NO. 7

● NO. 8

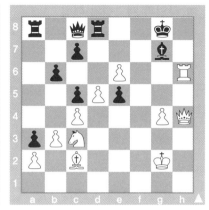

● NO. 9

● NO. 10

● NO. 11

● NO. 12

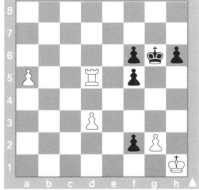

● 라인과 대각선의 해빙

희생양의 도움으로 라인 기물들로 공격하게 될 라인이나 대각선을 해빙시키는 방법으로, 라인이나 대각선은 상대방의 기물이나 폰으로부터 자유로워진다.

그림 41 | Grischuk-Kim, Moscow 1997.
1. Ng6+(나이트의 희생으로 백은 룩을 공격할 길인 h 라인을 해빙한다) hg 2. Rh3+ 흑은 퀸을 희생해야 한다.

그림 41 ●

그림 42 | Kim-Losev, Moscow 1997.
1... Ng3+!(흑은 공격을 위해 h 라인을 해빙한다) 2. hg fg 3.

R:f8+ B:f8(이미 Qh4-h2-h1 위협한다) 4... Qh4(피할 수 없는 체크메이트)

그림 43 | 1... R8:d5!(흑이 대각선 a1-h8을 해빙시키기 위해 희생한다) 2. ed e4! 3. Rd2!(3. R:d4면 B:d4로 즉시 패배한다) 3. Rd1도 역시 마찬가지다. R:d1 4. R:d1 Qa1#) e3!(제4랭크를 열면서) 4. Q:e3 Rf4! 5. Q:a7 R:f1+ 6. Ka2 Ra1#.

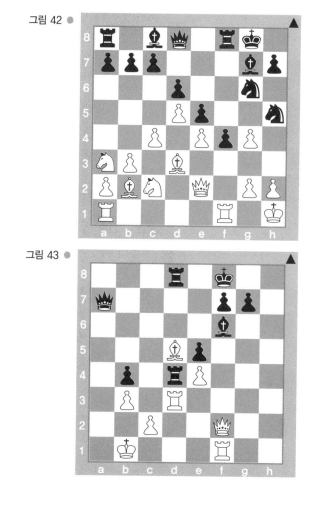

그림 42 ●

그림 43 ●

독립적 해결을 위해

● NO. 1

● NO. 2

● NO. 3

● NO. 4

● NO. 5

● NO. 6

● NO. 7

● NO. 8

● NO. 9

● NO. 10

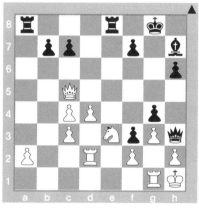

● NO. 11

● NO. 12

● 지대의 점령

희생양으로써 결정적 약진을 위한 주요 지대를 점령하는 방법이다.

그림 44 | Shpilman-Tartakover, Marienbad 1925.

1. Qh6(백은 체크메이트할 목적으로 e1 룩이 잡히는 것을 그대로 방치해 두고 있다) Q:e1+ 2. Bf1 흑은 방어가 없다 3.Qg7#.

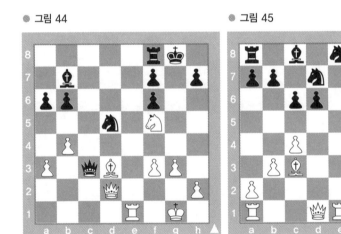

● 그림 44   ● 그림 45

그림 45 | Savon-Ree, Sinat 1965.

1. Bd5+!(d5 지대를 점령하며) cd 2. Q:d5+ Qf7 3. Qg5+ Ng7 4. Nf5로 퀸을 잡는다. 4... Qg6이면 5. Ne7+, 다른 기물을 움직이면 Nh6+으로 승리한다.

독립적 해결을 위해

● NO. 1

● NO. 2

● NO. 3

● NO. 4

● NO. 5

● NO. 6

5. 기타 전술적 방법들

● 중간 수(체크)

강공 콤비네이션 진행시 상대방의 위협을 무산시키고 전세를 역전 시킬 더 강력한 위협을 할 수 있는 뜻밖의 중간 수가 발견될 수 있다. 중간 수는 보통 체크나 반격이 된다.

그림 46 | 흑의 수읽기는 1... Q:e4 2.de R:d2로 나이트가 유리하 다. 중간 체크만 아니었다면 옳았을 것이다. 1... Q:e4? 2. Qh6+! Ke8 3. de 백은 퀸이 유리하다.

그림 46 ●

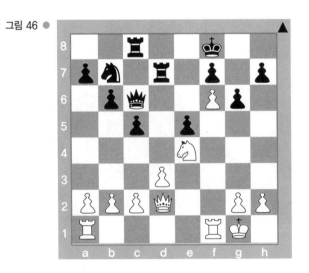

그림 47 | NN-Kim, Internet, 2004.

흑은 이 위치에서 폰을 제거한다. 1... B:g3! 2. R:e7 B:f2+!(중간
체크) 3. K:f2 R:e7, 흑은 기물에서 유리하다.

그림 47 ●

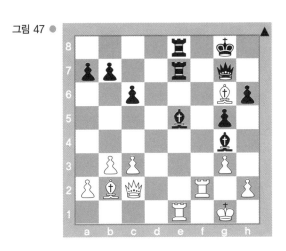

그림 48 | Stalberg-Alekhin, Hamburg 1930.

1... R:f3 이 수로 백이 졌다. 2. R:f3이면 Q:e3 3. R:e3 R:f1#; 2.
Q:g5면 R:f2 퀸을 잃든지 체크메이트가 된다.

그림 48 ●

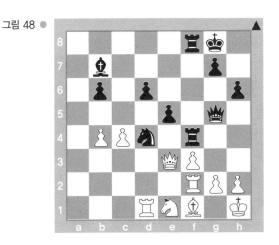

● NO. 1

● NO. 2

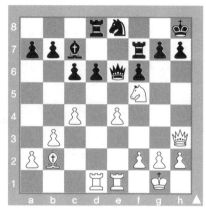

● NO. 3

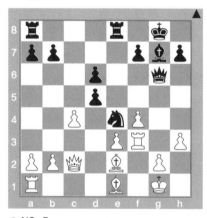

● NO. 4

● NO. 5

● NO. 6

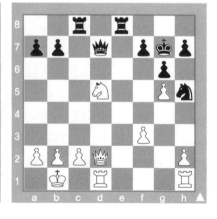

NO. 7

NO. 8

NO. 9

NO. 10

NO. 11

NO. 12

● 속도의 승리

중간 수(체크나 강력한 위협)의 도움으로 기물이 주요 지대로 옮겨 가는 전술적 방법이다.

그림 49 | 이 장면에서는 퀸으로 체크를(Qc7+) 할 수 있으면 좋을 것이다. 1... R:c7 2. dc 이후에 폰은 퀸으로 승진한다. 그러므로 퀸을 c7로 이동시킬 연구가 필요하다. 1. Qe7+! Kg8(1... Kh6이면 2. Qe3+으로 룩을 잡는다) 2. Qd8+! Kg7 3. Qc7+ 승리.

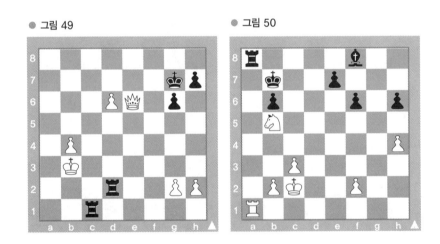

● 그림 49   ● 그림 50

그림 50 | 1. R:a8 K:a8 2. Nc7+!(나이트를 e6으로 이동시키기 위한 좋은 속도) Kb7 3. Ne6으로 비숍을 잡는다.

독립적 해결을 위해

● NO. 1

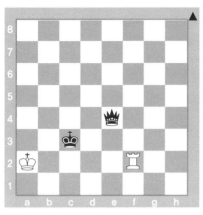

● NO. 2

● NO. 3

● NO. 4

● NO. 5

● NO. 6

● 폰의 변신(승진)

마지막 랭크에 도달한 폰이 어떤 기물로도 변신할 수 있는 능력을 이용하는 전술적 방법이다. 이때 희생양의 도움으로 결정적인 수적 우위를 획득하며 폰이 퀸으로 승진할 수 있도록 한다.

그림 51 | Sokolsky-Navgorodny, Omsk 1944.

1. Bg5! 흑은 방비책이 없다. 2. Be7+ K:e7, 3. f8Q+.

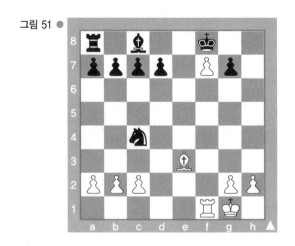

그림 51 ●

그림 52 | Oruetta-Santz, Madrid 1934.

1... R:b2! 2. N:b2 c3 3. R:b6(3. Nd3 c4+ 4. R:b6 cd 백은 폰의 승진을 막을 수 없다) c4!(흑은 백 나이트가 d3으로 이동하며 패스트 폰을 차단하는 것을 허용하지 않는다) 4. Rb4 a5!(4... c2? 5. R:c4) 5. Na4(5. R:c4나 5. Ra4나 5. Rb8이면 c2로 폰의 승진이 결정된다) ab 폰은 아무 방해받지 않고 목표에 도달한다.

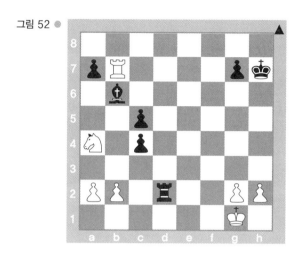

그림 52 ●

그림 53 | Kim-Kurenkov, Moscow 2002.

가장 빠른 승리의 방법은 1. **Q**:e5+! **R**:e5 2. c8**Q**+이면 흑은 체크메이트를 면할 수 없다.

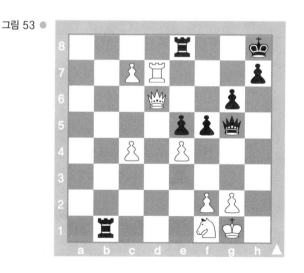

그림 53 ●

독립적 해결을 위해

● NO. 1

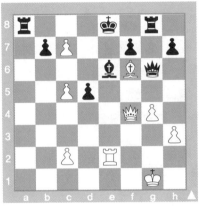

● NO. 2

● NO. 3

● NO. 4

● NO. 5

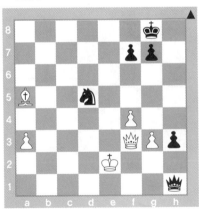

● NO. 6

● NO. 7

● NO. 8

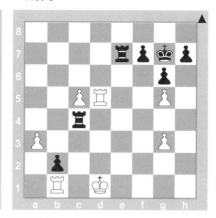

● NO. 9

● NO. 10

● NO. 11

● NO. 12

● 쭉쯔방

상대방 위치의 악화를 위해 상대방에게 행마의 차례를 넘겨 주는 전술 방법으로, 일반적으로 트라이앵글 규칙을 이용한다.

그림 54 | 1. Kc8!(백은 흑에게 수를 넘겨 준다. 이후 흑은 자신의 위치를 악화시킬 수밖에 없게 된다) a6(이나 a5) 2. b6 폰의 승진이 확정된다.

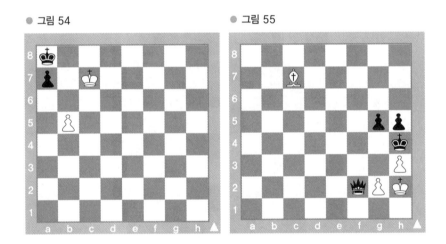

● 그림 54   ● 그림 55

그림 55 | Kaminer, 1925.
1. Bd6!(1. Be5면 g4 2. Bf6+ Q:f6 흑의 승리. 1. Bb8이면 g4로 흑 킹이 탈출하게 된다) Qf4+(1... g4면 2. Be7+ 다음 수로 체크메이트) 2. g3+! Q:g3+ 3. B:g3#.

독립적 해결을 위해

● NO. 1

● NO. 2

● NO. 3

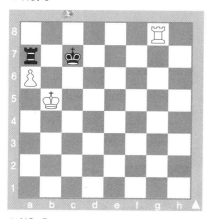

● NO. 4

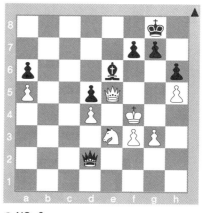

● NO. 5

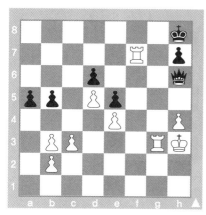

● NO. 6

● X선

라인 기물(퀸, 룩, 비숍)이 일정한 위치에서 적진의 핵심적인 지대에 다른 기물들을 통과하여 영향력을 발휘하는 능력을 말한다.

그림 56 | Ksonadi-Pogach, Hungary 1963.

1... Q:h2+!(흑의 비숍이 백 퀸을 통해 h2에 영향력을 행사하고 있다) 2. Q:h2(2. K:h2 B:e5+ 다음 d1의 룩을 잡는다) B:h2+ 3. K:h2 R:d1로 흑이 우세하다.

● 그림 56   ● 그림 57

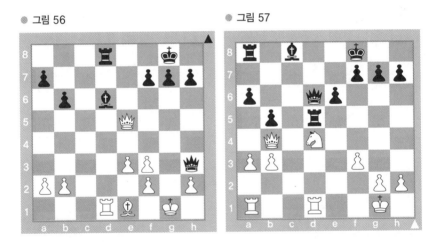

그림 57 | Gelfand-Lautier, Belgrad 1995.

1. N:e6+(룩의 활동을 위해 'd' 라인을 열며) B:e6 2. Q:d6+(퀸은 상대방의 기물을 통과해 자신의 룩에 의해 방어되고 있다) R:d6 3. R:d6으로 백이 우세하다.

독립적 해결을 위해

● NO. 1

● NO. 2

● NO. 3

● NO. 4

● NO. 5

● NO. 6

● '덫'

일련의 행마로 상대방의 기물을 포획하거나 제거할 때, 적의 기물의 성공적이지 못한 상황을 이용하는 전술 방법이다.

그림 58 ┃ Karaklich-Boli 1957.

1... Qc8! 구상 2. Q:e7 f6! 백의 퀸이 '덫'에 걸렸다. 3... 다음 Rf7로 백 퀸이 잡힌다.

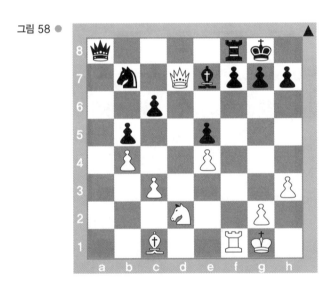

그림 58 ●

그림 59 ┃ 1. Ra1?이면 Qb2로 퀸의 바꿔치기가 된다. 1. Nc3!이 좋은 수로 나이트를 b2로부터 주의 분산시켜서 1... N:c3 2. Ra1로 흑 퀸이 '덫'에 걸렸다.

그림 59 ●

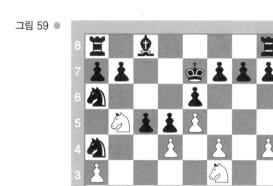

그림 60 | Flor-Phitanetskis.

1. Na6!(비숍은 이제 구원될 수 없다) Qb5 2. Q:b5 cb 3. b4 비숍은 '덫'에 걸렸다.

그림 60 ●

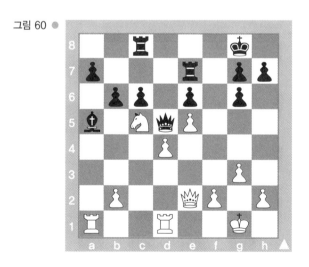

● 함정

행마할 때 상대방이 강수를 두도록 선동하는 전술 방법으로, 상대방이 함정의 의미를 깨닫지 못하고 빠져들면 자신의 입지를 강화할 콤비네이션을 감행하거나 직접 승리를 거둘 수 있다.

그림 61 | Tchigorin-Marco, Vienna 1908.
1. Kh2 백은 흑 퀸의 체크를 미리 방비하면서 자신의 입지를 강화하고 동시에 흑의 콤비네이션에 대한 반격을 준비한다. 1... R:c1 2. R:c1 Ne2 3. Qe5! N:c1 4. Ne8!이 좋은 수로 다음 흑은 5. Q:g7#에 대한 방어가 없다.

그림 61 ●

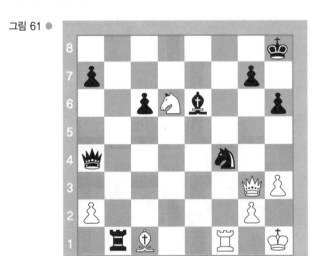

그림 62 | Kuznetsov A. Kim, St. Petersburg 1997.
이 위치에서 1... Qe7로 두었다. 다음 Rd7, Rad8로 룩을 집결시킬

것을 구상하며 동시에 2... N:f4 3. N:f4 R:d4를 노렸다. 2. c3?(상대
방은 준비된 함정에 빠졌다. 2. Bg3이 정수 백이 그렇게 두면 나는 계
획대로 Rd7 다음 Rad8했을 것이다) N:e3! 3. fe Nc4 4. b3?(폰에게
'b2'를 내주어야 했다) Nb2 5. Rd2 Nd3으로 흑이 유리한 교환이다.

● 그림 62   ● 그림 63

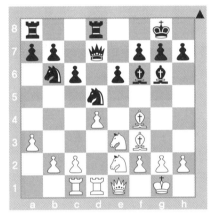

그림 63 | Iochis-Kim, Moscow 1998.

흑은 함정을 준비해야 한다. 흑은 실제로 가망이 없는 형세다. 'b6'
폰이 제8랭크에 거의 도달했다. 구원의 유일한 기회는 함정을 준비하
는 것이다.

1... Kh7(백의 콤비네이션을 고려하여) 2. N:b7 R:b7 3. Ba6?(만약
백이 흑의 의도를 알아차렸다면 3. Kg2로 두어야 한다. 그러면 흑은
패배를 인정해야 했을 것이다) R:b6! 백의 폰을 잡아 반격하는 것이
좋은 수다. 4. Q:b6 Rc1+ 5. Kg2 Q:b6 6. R:b6 R:a1 흑은 폰이 하나
우세하다.

6. 자기방어의 방법

● **역공**

방어하고 있는 편이 상대방의 직접적 위협을 무력화시키며 뜻밖의
전술적 역공으로 전세를 바꾸어 주도권을 잡는 것을 말한다.

그림 64 | 이 장면에서 1. Qa4!가 Q:a4 2. Rb8+ Qe8 3. R:e8#을
노리는 좋은 수로 보인다. 그러나 흑은 멋진 반격을 준비하고 있다.
1... Rc1+! 2. R:c1 Q:a4 흑은 퀸이 있어 유리하다.

그림 64 ●

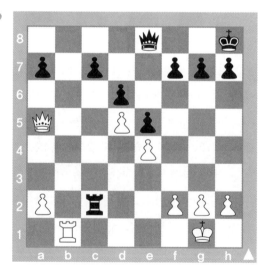

그림 65 | Rozental-Makogonov, Moscow 1936.

1. Bg5가 이 장면에서 흑 룩을 공격하는 좋은 수로 보이지만 흑은 룩의 이동 대신에 1... Nc3!!의 반격을 준비하고 있다. 2. bc면 Ba3#으로 체크메이트.

● 그림 65

● 그림 66

그림 66 | Bubnov-Jaroslavtsev, Voronezh 1949.

이 장면에서 흑은 묘수로 보이는 1... Nd7로 두어 퀸과 나이트를 공격했으나 백의 결정적인 반격을 고려하지 못했다. 2. Nb8!이 묘수로 (2... N:c5면 3. Rd8+ 다음 수에서 체크메이트. 2... R:b8이면 3. R:b8+ N:b8 4. Rd8+) 흑은 d7의 나이트를 살릴 방법이 없다.

● 비김수

약한 편이 대국을 무승부로 이끌 수 있는 방어 방법이다.

그림 67 | Troitsky.
백 킹에게는 탈출로가 없다. 그러므로 다른 기물이 없어야 스테일메이트. 1. b7+! K:b7 2. c8Q+K:c8 =.

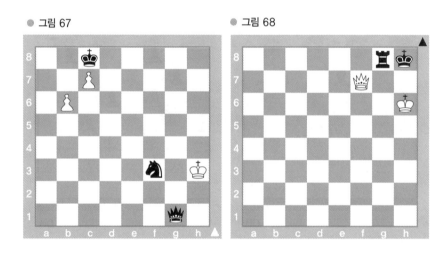

● 그림 67   ● 그림 68

그림 68 | 흑 킹은 탈출로가 없다. 룩이 없어져야 스테일메이트.
1... Rg6+! 2. Kh5 Rg5+! 3. Kh4 Rg4+! 4. Kh3 Rg3+! 백이 룩을 잡으면 그대로 스테일메이트가 되어 비긴다. 이런 룩 같은 기물을 '미친' 기물이라고 한다.

독립적 해결을 위해

● NO. 1

● NO. 2

● NO. 3

● NO. 4

● NO. 5

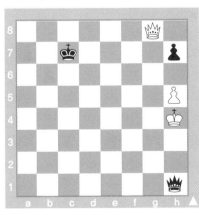

● NO. 6

● **'영원한 체크'**

약한 편이 대국을 무승부로 몰고 갈 수 있는 방어 방법이다.

그림 69 ｜ 백은 기물이 불리하다. 룩이 공격받고 있고 체크메이트
의 위협도 있다. 유일한 구원의 기회는 '영원한 체크' 이다.
  1. Nd6+! Kd8 2. Nb7+!(2. N:e4? Rc1#) Ke8 3. Nd6+ Kd8 4.
Nb7+=.

● 그림 69   ● 그림 70

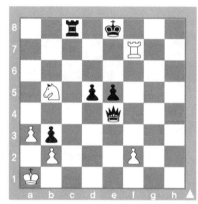 

퀸이 '영원한 체크'를 하는 경우가 많다.

그림 70 ｜ 1. Qc5+! Kb8 2. Qf8+ Ka7 3. Qc5+ b6 4. Q:c7+ Ka8
5. Qc8+ Ka7 6. Qc7+ Ka8 7. Qc8+ 무승부.

독립적 해결을 위해

● NO. 1

● NO. 2

● NO. 3

● NO. 4

● NO. 5

● NO. 6

● 이론적 무승부(단순화)

약한 편이 단순화를 통해 이론적 무승부로 몰아가는 방어 방법이다.

그림 71 | 무승부를 위해서 흑색은 c3 폰을 잡고 h7 폰을 차단해야
한다.
　1... Kg7 2. Nf6(2. c4 2... Na3+ 3. Kc3 N:c4! 4. K:c4 K:h7 무승
부) N:c3 3. K:c3 Kh8로 무승부가 된다. 백 킹이 h7의 폰을 지키는
순간 스테일메이트가 된다.

그림 71 ●

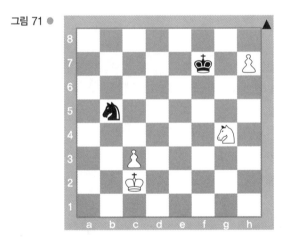

그림 72 | 1. Rg8+! Rc8 2. R:c8+ K:c8 3. Ba6!!
　흑은 a파일의 폰(가장자리)만으로는 이길 수 없다. 비숍도 승진 장
소인 a1이 다크 스퀘어이므로 효력이 없다. 이제 3... ba가 되든지,
3... Kc7 4. B:b7가 되어도 이론적 무승부가 된다.

그림 72 ●

그림 73 | 백은 무승부를 위해 c6 폰을 없애야 한다. 그러나 1. d5
로 두면 1... c5!로 흑이 이긴다. 1. c5+!로 두는 수가 묘수 **B**:c5 2. d5!
흑은 폰의 교환을 피할 수 없다. 무승부가 된다.

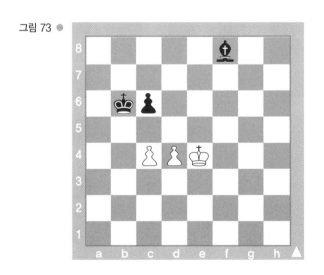

그림 73 ●

● 위치적 무승부

강한 편이 자신의 기물들의 상황을 강화시킬 수 없고 자신의 수적 우위를 현실화시킬 수 없는 위치에서 성립하는 무승부를 가리킨다.

캐슬링

그림 74 | Klaman-Kotov, Riga 1961.

1. Rc3 Kb5 2. a4+!(백은 a3, c3의 두 개의 이동할 수 있는 장소를 확보한다) 2... Kb4 3. Ra3 a5 4. Rc3 Qe6+ 5. Kb1 Qf5+ 6. Ka2. 백의 룩은 a3과 c3의 곳 그리고 킹은 a(b)1, a2가 확보되어 있는 반면, 흑의 킹은 효과적인 이동로가 없는 상태이다. 이런 위치를 '캐슬링'이라고 한다.

그림 74 ●

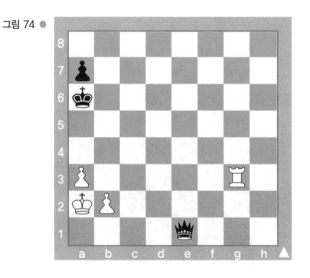

영원한 공격

그림 75 | 1. Ne2 Rd1 2. Nc3 Rc1 3. Ne2 Rb1 4. Nc3 룩이 공격으로부터 피할 수 없기 때문에 무승부이다.

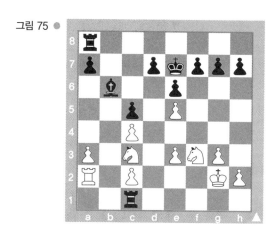

그림 75 ●

결박

그림 76 | 1. Bh1 Rd7 2. Bg2 R7d6 3. Bf3 d6의 흑 룩이 d파일을 벗어날 수 없어 이론적 무승부이다. 흑 킹이 움직이거나 d6의 룩이 d파일을 벗어나면 B:d5가 성립한다.

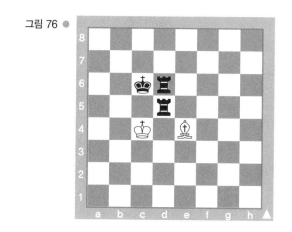

그림 76 ●

봉쇄 연합

그림 77 | Troitsky 1912.

1. Ne4(백은 흑 킹의 움직임을 봉쇄했다. 흑 퀸 하나로는 대국을 승리로 이끌 수 없다) Qa1+ 2. Kh2 Qb2!(2... Qf6? 3. g3#) 3. Kh1 Qa1+ 무승부이다.

● 그림 77

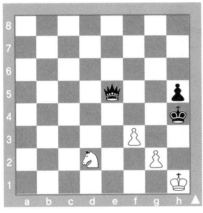

● 그림 78

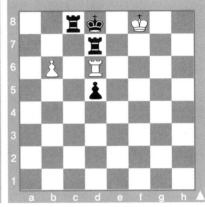

영원한 위협

그림 78 | 흑 킹은 자신의 기물들에 의해 갇혀 있다. 백이 무승부를 얻을 수 있는 유일한 기회는 영원한 위협뿐이다.

1. Re6(체크메이트의 위협을 하며) Rh7 2. Rd6+!(킹을 봉쇄하고 있는 곳으로 룩을 복귀시키며) Rd7 3. Re6 Rh7 4. Rd6+ 무승부이다.

7. 킹을 공격하는 방법

● 킹의 추출

유인의 특수한 경우로, 킹을 공격하기 위해 유리한 지대로 희생양을 이용해 유인한다.

그림 79 | 1. B:f7+!(비숍을 희생양으로 킹을 f7로 유인한다) K:f7 2. Ng5+(2... Kf6이면 3. Qf3#로 체크메이트) 2... Kf8이나 Ke8이면 3. Ne6로 퀸을 잡는다.

그림 79 ●

그림 80 | 1. B:f7+!(킹을 유인하여) K:f7 2. Ng5+ Kg6(2... Kg8
이면 3. Qb3+ Kf8 4. Ne6+로 퀸을 잡는다) 3. Qd3+ Kh5(3... Kh6
이면 4. Nf7+) 4. h3!(g4를 위협하며) Qe8 5. g4+ N:g4(5... Kh6이
면 6. Ne6+ g5 7. B:g5#) 6. hg+ K:g4 7. Qh3#.

● 그림 80

● 그림 81

그림 81 | Eits-Marin, 1930.

1. B:h7+!(백은 비숍을 희생양으로 킹에게 강공을 하기 위해 유인한
다) K:h7 2. Qh5+ Kg8 3. Ng5(흑은 백의 공격 앞에서 무력하다)
Rd8 4. Qh7+ Kf8 5. Qh8#.

● 킹에 대한 폰의 엄호의 파괴

상대방의 킹에 대한 공격을 위해 희생양으로써 폰의 엄호를 파괴하는 전술 방법이다.

그림 82 | Spielmann-Gruenfeld, Carlsbad 1929.

이 위치에서 1. B:g7!(흑 킹을 열어젖히며) K:g7 2. Qg5+ Ng6 (2... Kh8 3. Qf6+ Kg8 4. h6로 흑은 체크메이트를 면할 수 없다) 3. h6+ 다음 Qf6-g7로 체크메이트가 된다.

그림 82 ●

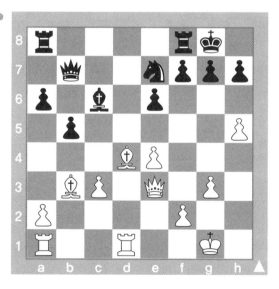

그림 83 | Spassky-Smyslov, Bukharest 1953.

1. N:g7! R:d6(1... K:g7이면 2. Rg3+ Kf8 3. R:f7+!(킹을 열기 위한 또 하나의 희생양) Q:f7 4. Qh6+ 다음 수로 체크메이트) 2. N:e6로 흑이 이겼다. 2... R:d2면 3. Rg3+ ,4. Rh4#.

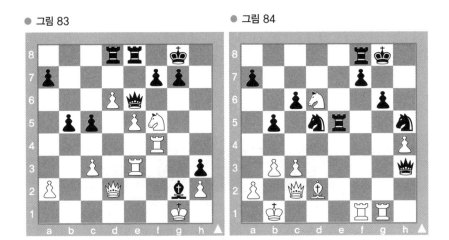

● 그림 83   ● 그림 84

그림 84 | Kim-Shorokhov, Moscow 1997.

1. R:g6+! 백은 흑 킹을 열어젖힌다(1... fg로 룩을 잡으면 2. Q:g6+ Ng7(2... Kh8이면 3. R:f8#) 3. R:f8+ K:f8으로 4. Qf7#가 된다). 그러므로 실전에서 흑은 1... Ng7로 둘 수밖에 없는데 2. Rgg1 백은 폰 하나가 유리한 동시에 주도권을 잡고 있다.

● 마지막(처음) 랭크에서의 체크메이트(back rank mate)

마지막 랭크에서 결정적 공격을 행할 때, 보통 '통풍구' 없이 캐슬링된 킹이 체크메이트당한다. 마지막 랭크에서의 체크메이트시 기본적 방법은 후방 지대를 지키고 있는 기물들을 유인하는 것이다. 이때 체크메이트는 무거운 기물에 의해서 실현된다.

'통풍구' ∣ 마지막 수평선에서 가능한 체크를 피하기 위해, 캐슬링한 킹 앞에 폰들 중 하나가 전진하는 것을 말한다.

그림 85 ∣ Opochinsky-Alekhine, Paris 1925(var).
1... **Q**:f3+!(룩의 방어로부터 퀸을 유인하여) 2. **Q**:f3 **R**:e1#.

그림 85 ●

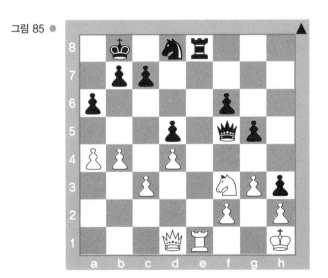

그림 86 | Gampe-Steinitz, Vienna 1859.

1... Qd2+ 2. Kb1 Qd1+ 3. R:d1 R:d1#.

그림 86 ●

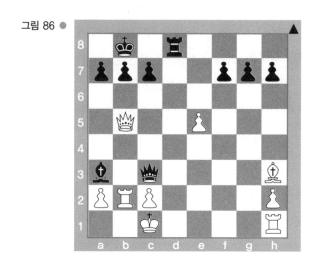

그림 87 | 1. Rd8+ Bf8 2. Bh6 흑은 3. R:f8# 를 방어할 수 없다.

그림 87 ●

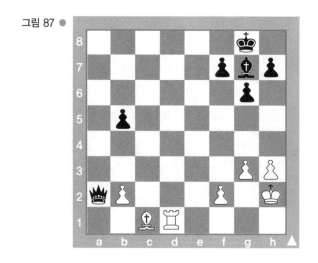

독립적 해결을 위해

● NO. 1

● NO. 2

● NO. 3

● NO. 4

● NO. 5

● NO. 6

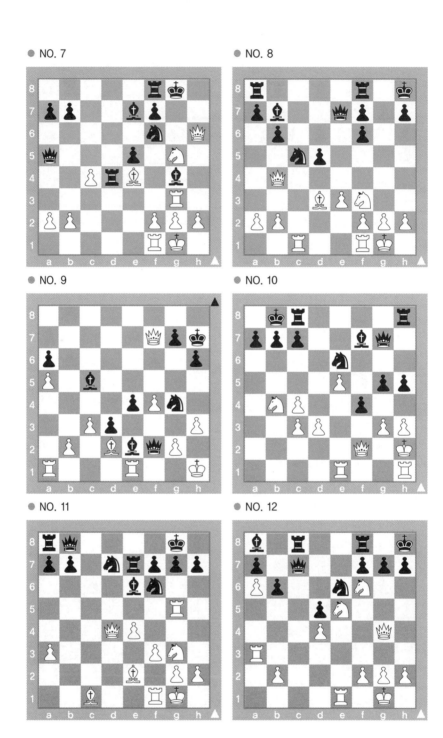

연습

전술적 방법들은 여러 가지가 동시에 복합적으로

응용될 수 있다는 것을 잊어서는 안 된다.

● NO. 1

● NO. 2

● NO. 3

● NO. 4

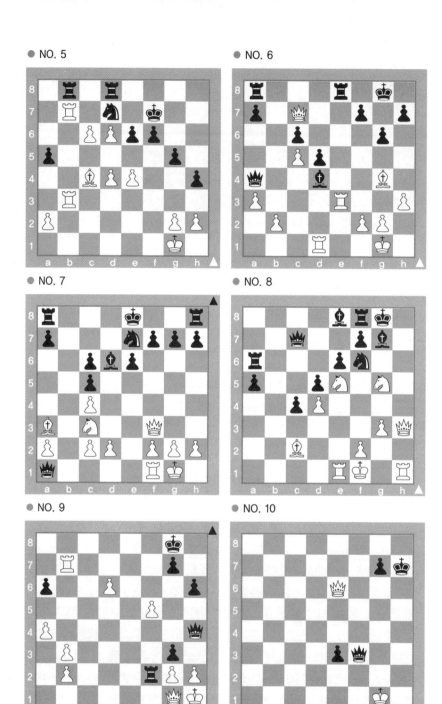

● NO. 11

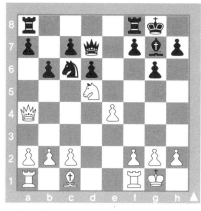

● NO. 12

● NO. 13

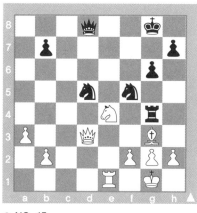

● NO. 14

● NO. 15

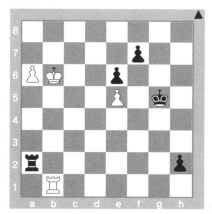

● NO. 16

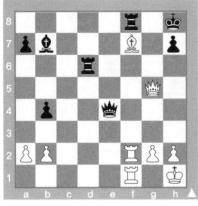

● NO. 19 ● NO. 20

● NO. 21 ● NO. 22

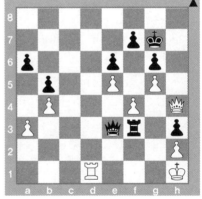

● NO. 23

● NO. 24

● NO. 25

● NO. 26

● NO. 27

● NO. 28

● NO. 29

● NO. 30

● NO. 31

● NO. 32

● NO. 33

● NO. 34

● NO. 35

● NO. 36

● NO. 37

● NO. 38

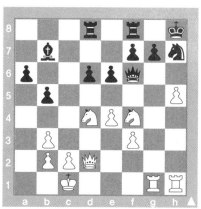

● NO. 39

● NO. 40

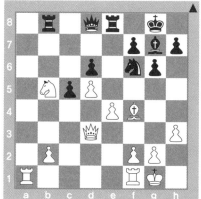

● NO. 41

● NO. 42

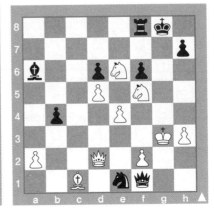

● NO. 43

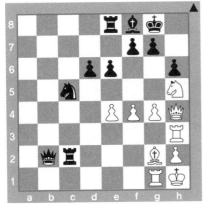

● NO. 44

● NO. 45

● NO. 46

● NO. 47

● NO. 48

● NO. 49

● NO. 50

독립적 해결을 위해 _ 정답

제1부

◆ 1행마로 체크메이트

No.1 1. Ra8#.

No.2 1. Rh1#.

No.3 1. Rh1#.

No.4 1. Rh8#.

No.5 1. Rd8#.

No.6 1. R:h7#

No.7 1. Rf7#.

No.8 1. Q:g7#.

No.9 1. Qh7#.

No.10 1. Qg8#.

No.11 1. Qc8#.

No.12 1. Qd6#.

No.13 1. Qg5#.

No.14 1. Qf3#.

No.15 1. Q:f7#.

No.16 1. Qd8#.

No.17 1. B2#.

No.18 1. B:e5#.

No.19 1. Be8#.

No.20 1. Bh6#.

No.21 1. Bb5#.

No.22 1. Nf2#.

No.23 1. Ng3#.

No.24 1. N:f6#.

No.25 1. Ng7#.

No.26 1. Ng6#.

No.27 1. Nf6#.

No.28 1. Ne7#.

No.29 1. Nh6#.

No.30 1. g4#.

No.31 1. f5#.

No.32 1. g6#.

No.33 1... Rh6#.

No.34 1... N:h2#.

No.35 1... Q:f4#.

No.36 1... N:g3#.

No.37 1... Bf1#.

No.38 1. Bd5#.

No.39 1. Nd6#.

No.40 1. Bf7#.

No.41 1. Ng7#;1. Nc7#.

No.42 1. Bd8#.

No.43 1. Bd4#.

No.44 1... Nf3#.

No.45 1... f2#.

No.46 1... R:h2#.

No.47 1. Nce4#.

No.48 1. Bh5#.

No.49 1. R:g6#.

No.50 1. Nd6#.

♦ 2행마로 체크메이트

No.1 1. Qd7+ Kf8 2. Qf7#;1. Qf7+ Kd8
      2. Qd7#.

No.2 1. Be6+ Kh8 2. Be5#.

No.3 1. Ng5 a1 Q2. Ngf7#.

No.4 1. Qh7+ Kf8 2. Qh8#.

No.5 1. Qa3+ Kg8 2. Nh6#.

No.6 1. Bh6+ Kg8 2. Qg7#.

No.7 1. Qh4+ Kg8 2. Qh7#.

No.8 1. Ne7+ Kh8 2. Rh1#.

No.9 1... B:f2+ 2. Kh1 Ng3#.

No.10 1. Q:f7+ Kh8 2. Qg8#.

No.11 1. Qa8+ Qb8 2. Bb7#.

No.12 1. Rh1+ Kg8 2. Rh8#.

No.13 1. Bh5+ Nf7 2. Qd8#.

No.14 1. Qh6+ Bh7 2. Q:g7#.

No.15 1. Qd5+ Ke7 2. Qe6#.

No.16 1. Qc7+ Ke8 2. Qe7#.

No.17 1. Rb8+ Kg7(1... Ke7 2. Re8#)
       2. Rg8#.

No.18 1. Ne6+ Ke8 2. Nd6#.

No.19 1. Qf2+ Kh2 2. Rh1#.

No.20 1. h4+ Kh5 2. g4#.

No.21 1. Bg5+ Ke8 2. Rd8#.

No.22 1. Qf8+ R:f8(1... K:f8 2. Rh8#)
       2. Ne7#.

No.23 1. Qg5+ B:g5 2. hg#.

No.24 1. Qh7+ K:h7 2. Bf7#.

No.25 1. Qf6+ B:f6 2. B:f6#.

No.26 1. Q:h7+ N:h7 2. g4#.

No.27 1. Q:h5+ gh 2. Rh6#.

No.28 1. Qf7+ N:f7 2. Ne6#.

No.29 1. Qg5+ fg(1... Kh8 2. Qg7#) 2.
       Nh6#.

No.30 1. Qf7+ B:f7 2. R:f7#.

No.31 1. Q:h7+ K:h7 2. Rh5#.

No.32 1. Q:h7+ R:h7 2. R:g8#.

No.33 1. Qf8+ Q:f8 2. Nf6#.

No.34 1. Qe8+ K:e8(1... Kc7 2. Q:c8#)
       2. R:c8#.

No.35 1. Qg8+ R:g8 2. Nf7#.

No.36 1... Qh4+ 2. gh g4#.

No.37 1... Q:c3+ 2. bc Ba3#.

No.38 1... Q:h3+ 2. K:h3 Rh7#.

No.39 1. Qf6 ef 2. R:e8#.

No.40 1... Qf1+ 2. R:f1 Re2#.

No.41 1. Rh8+ K:h8 2. Qh7#.

No.42 1. Rc5+ B:c5 2. d5#.

No.43 1. Rh2+ B:h2 2. Nf2#.

No.44 1. Rd8+ B:d8 2. Re8#.

No.45 1. Rd8+ B:d8(1... Bf8 2. Q:f8#)
       2. Qf8#.

No.46 1... Rh3+ 2. gh Rh2#.

No.47 1. Bf7+ K:f7(1... Kh8 2. Q:f8#) 2.
       Qe6#.

No.48 1. Bg6+ K:g6 2. Qg8#.

No.49 1. Ng5+ hg 2. Qh5#.

No.50 1. R:h7+ K:h7 2. Qh4#.

제2부

◆ 이중 타격, 동시 공격

No.1　1. R:f8+ K:f8 2. Qf1+±.
No.2　Reti-Alekhin, Baden Baden
　　　1925. 1... Bd5∓.
No.3　1. g4+ Kg6 2. gf++-.
No.4　1... Qe6+ 2. Ka1 [2. Ka3 Qb3#]
　　　2... Qe1+-+.
No.5　Farago-Adamski, Kiev 1978. 1.
　　　Qd3±.
No.6　1. Kg2 Ne2 2. Kf1=.
No.7　Zvirbulis-Rabdviir, USSR 1950.
　　　1... Nb6 2. Q:d8(2. Qe4 N:c4-+)
　　　2... R:d8-+.
No.8　1. Ng6+ Kh7 2. Nf8+ Kh8 3.
　　　N:e6+-.
No.9　1. R:d8 K:d8 2. B:b6++-.
No.10　1. Bb5 Q:b5 2. Nc7++-.
No.11　1. R:d4 ed 2. Qe8++-.
No.12　Euwe-Kramer, 1946. 1. Qd4
　　　Q:d4 2. cd 1:0.

◆ 디스커버 공격, 디스커버 체크, 더블 체크, 맷돌

No.1　Lohmann-Tischner, Bad Pyrmont
　　　1950. 1... Bb4#.
No.2　1. f6 gh 2. f7#

No.3　1. Bb5+ Bc6 2. Q:d4+-.
No.4　1... Qg5+ 2. Kf1(2. Kh2 Qg2#)
　　　2... Bg2+×Qa5.
No.5　1. Qh2+ Kg4(1... Kg5 2. f4++-×
　　　Qc2) 2. f3++-×Qc2.
No.6　Pipil-Marco. 1... Bg1! 2. K:g1(2.
　　　Q:d7 Q:h2#) 2... R:d3∓.
No.7　Zukertort-Blackbern, London
　　　1883. 1. Bg7+! Kg8(1... Q:g7 2.
　　　Qe8#) 2. Q:e7+-.
No.8　1. Q:b7+! K:b7 2. Nc4++- .
No.9　1. Qh8+! K:h8 2. Bf6+ Kg8 3.
　　　Rh8#
No.10　1. Qd8+! K:d8 2. Bg5+ Ke8 3.
　　　Rd8#.
No.11　1. Kf1!! B:f2 2. K:f2#.
No.12　1. R:b7+ Ka8 2. R:f7+ Kb8 3.
　　　Rb7+ Ka8 4. Rg7+ Kb8 5. Rb7+
　　　Ka8 6. Rb4++-.

◆ 핀, 상대적 핀

No.1　1. a6+-.
No.2　1. Q:e5++-.
No.3　1. Nh6+ Kh8 2. N:f7++-.
No.4　1. Ra4 e5 2. e3+-.
No.5　1. R:e5(1. d4? B:g3 2. K:g3
　　　Rh3+∓) R:e5 2. d4±.
No.6　Ragozin-Boleslavsky, Moscow

1945. 1. e8Q+ K:e8 2. Ba4±.

No.7　1... Rb1+(1... B:e4? 2. Q:d5 B:d5
　　3. Re8#) 2. K:b1 Q:g5 +−.

No.8　1. B:c7+(1. R:d8+ Qd8 2. B:c7+
　　Q:c7∓) Q:c7 2. R:d8+ Ka7 3.
　　Q:c7+−.

No.9　1. Nd5 Qd8(1... N:d5 2. Q:g7#) 2.
　　N:f6+ B:f6 3. B:f6+−.

No.10　Bronstein−NN, 1950. 1. Rd8+(1.
　　Q:e4+ N:e4 2. Rd8+ N:d8∓)
　　K:d8 2. Q:e4+−.

No.11　1. Bc5 Bb6 2. Qf4+ Kg8 3.
　　Q:d6+−.

No.12　1. Bd5(1. R:b8+? K:b8 2. Bd5
　　B:c6 3. B:c6 Kc7 4. Bd5　Kd6 5.
　　Bb7 Kc5 6. B:a6 Kb4=) B:c6(1...
　　Q:c8 2. R:c8#; 1... B:c8 2. R:c8#)
　　2. B:c6#.

◆ 스큐어

No.1　1. g8Q a1Q 2. Qh8++−.

No.2　1. Rh4+ Ke5 2. Rh5++−.

No.3　1. N:d6 B:d6 2. Rd1 Bf8 3.
　　R:d7± .

No.4　1. Rh8 R:b7 2. Rh7+ Ke6 3.
　　R:b7+−.

No.5　1. f8Q + K:f8 2. Rh8+±.

No.6　1. Rb1+ Ka5(1... Kc7 2. Rb7++−
　　;1... Ka7 2. Rb7+±) 2. Rb7 Q:b7
　　3. B:b7 R:b7±.

No.7　1. h7 N:h7 2. Bc2 Nd4 3. B:h7±.

No.8　1. Bf4 B:f4(1... d6 2. B:d6 B:d6
　　3. Rc8+±.) 2. Rc8+ Ke7 3.

R:h8±.

No.9　1. Bd4K:d4 2. h7 a1 Q3. h8Q++−.

No.10　1. Ng5+ Q:g5 2. Bh4±.

No.11　1... B:f3+ 2. K:f3(2. Kg1 B:h1∓)
　　2... Kb7+∓.

No.12　1. Ra4! R:a4 2. Rh3+ Kf4 3.
　　Rh4+ Ke3 4. R:a4+−.

◆ 유인

No.1　1. Rh8+ K:h8 2. Qh6+ Kg8 3.
　　Q:g7#.

No.2　Amatuer−Leonardo,Leipzig 1903.
　　1... B:f2+ 0:1(2. Q:f2　Nd3+−+; 2.
　　K:f2 N:e4+−+).

No.3　1... Q:f3+ 2. K:f3 R8e3#.

No.4　1... Q:f1+ 2. K:f1 Bd3+ 3. Ke1
　　Rf1#.

No.5　1. Qh7+ K:h7 2. N:f6#.

No.6　Tal−Benko, Amsterdam
　　1964(var).1. Rd8+ K:d8(1... Ke7 2.
　　R:h8+−) 2. N:f7++−.

No.7　1. Rf5 K:f5 2. f7 f1 Q 3. f8Q+
　　Ke6 4. Q:f1+−.

No.8　Katalymov−Ilivitski, URS 1959. 1.
　　Bf7+ 1:0(1... Kf8 2. B:g6 hg 3.
　　Q:h8++−; 1... K:f7 2. e6+ B:e6 3.
　　Q:a5+−).

No.9　1. Rd8 R:d8(1... Bf8 2. Rb7#) 2.
　　c7+ Kb7 3. cdQ++−.

No.10　Reti−Tartakower, Vienna 1910.
　　1. Qd8+ K:d8 2. Bg5+ Kc7(2...
　　Ke8 3. Rd8#) 3. Bd8#.

No.11　1... Qa5+ 2. K:a5 R:a2+ 3. Kb4

a5#.

No.12 1... Bg6+ 2. Q:g6 Qd3+ △
Q:g6−+.

◆ 주의 분산, 과잉적재(over load)

No.1 1. Qd8+ B:d8 2. Re8#.

No.2 1... Qf3+ 2. gf B:h3#.

No.3 1. B:g7+ R:g7 2. R:f8+±.

No.4 1. Qf6 Q:f6 2. Re8#.

No.5 1. Q:f7+ R:f7 2. Rc8+ Rf8 3.
Rc:f8#.

No.6 Psakhis−Machulsky, Vilnius
1978. 1. Rd8 1:0(1... R:d8 2. Q:f7+
Kh7 3. Q:g7#).

No.7 1. R:d7 Q:d7 2. B:f6△3. Qg7#.

No.8 1... Qa4 2. Q:f4 Re1#.

No.9 1 Re8 Q:e8(1. R:e8 2. Qg7#) 2.
Qf6+ Rg7 3. Q:g7#.

No.10 1. R:e8 Q:e8 2. Qa4Q:a4 3.
Rf8#.

No.11 1. Qe7+ R:e7 2. Rd8+ Re8 3.
Rg8+ K:g8 4. R:g8#.

No.12 1. Qa7 Q:a7(1... R:a7 2. R:d8+
Q:d8 3. R:d8#) 2. R:d8+ R:d8 3.
R:d8#.

◆ 방어벽 제거

No.1 1. R:d4 R:d4 2. R:e5#.

No.2 1. Q:c4 bc 2. R:f7#.

No.3 1. Q:b8+ R:b8 2. B:b5#.

No.4 Alekhine−Prooth, Buenos Aires
1939. 1. N:f7 K:f7 2. Q:e6+ Kg7
3. Qf7#.

No.5 Bisgueier−Fischer, New York
1965. 1... R:h1+ 0:1(2. K:h1 Rc1+
3. Kh2 hg+(3... B:g3+!? 4. Kh3
Rh1#) 4. Kh3 Rh1#).

No.6 1. Q:f8+ R:f8 2. R:h7+ K:h7 3.
Rh1+ Bh3 4. R:h3#.

No.7 1... R:b2 2. R:b2 B:c3−+.

No.8 Spraggett−Smyslov, Montpellier
1939. 1... B:h3 0:1(2. gh B:d4 3.
B:d4 Nf3+∓).

No.9 Subaric−Trifunovic, Zagreb
1946. 1... Q:d4 2. B:d4 Nf3+ 3.
Kf1 Bb5+ 0:1(4. Qc4 B:c4#).

No.10 1. R:f6 B:f6 2. Bg7 K:g7(2...
B:g5 3. Qh8#) 3. Qh7#

No.11 Vasiukov−Djuvasevic, Belgrade
1961. 1. R:e6 Q:e6 2. Q:f8 R:f8 3.
R:g7+ Kh8 4. R:g6+ 1:0(4... Rf6
4. R:f6 Qe1+ 6. Rf1+ Kh7 7.
R:e1+−).

No.12 1. R:e5 de 2. Bc4+ Kh8(2... Be6
3. B:e6+ Rf7 4. R:f7++−) 3. Ng6+
hg 4. Rh1+ Bh3 5. R:h3#.

◆ 차단

No.1 Kataev−Markov, USSR 1977. 1...
Rd1 0:1(2. K:d1 h2 3. B:f4
h1Q+−+).

No.2 1. Bf7 B:f7 2. Q:h7#.

No.3 1. Nf6+ gf 2. Q:f8#.

No.4 1. Re7 B:e7 2. Q:g7#.

No.5 1. Bf6 ef 2. Q:g7#.

No.6 Rychagov-Kim, Moscow 2005.
1... Nd4 2. ed R:d5 3. Qf4 cd ∓.

No.7 Fischer-Di Camillo, Washington
1956. 1. Bc7!(1. Bf6?! Q:d7=)
Nf4+ 2. Kf1 1:0(2... R:c7 2.
Re8++−).

No.8 1. Re8+ B:e8(1... Q:e8 2. Q:f6#)
2.Qg8#.

No.9 Nenarokov-Grigoriev, Moscow
1923. 1... Bd6!! 0:1(2. R:d6(2.
B:d6 d1Q−+) h2 △ h1Q−+).

No.10 Duras-Spielmann, Pistyan 1912.
1. Qg3 Q:h6+(1... R:g3 2. R:e8#)
2. Qh3 Qd6 3. Kh1 1:0.

No.11 1. Be5 R:e5 2. Ne8 Nf5 3. Nf6+
Kh8 4. Qg8#.

No.12 1. Bc7 R:c7(1... Q:c7 2. R:c5+
Q:c5 3. Qb7+ Qb6 4. Q:b6#) 2.
Qb7+ R:b7 3. R:c5#.

◆ 봉쇄 연합

No.1 Springer-Ebersbach, Berlin
1958. 1. f7+! R:f7 2. Qh8#.

No.2 1. Qh7+! N:h7 2. Ng6#.

No.3 Marshall-Marko, Paris 1900. 1.
f6+! 1:0(1... Q:f6 2. Qh6+ Kg8 3.
Qh7#).

No.4 1. Rh3+! B:h3 2. g3#.

No.5 1. Qf7+! N:f7 2. Ne6#.

No.6 1. Qh5+! gh 2. g5#.

No.7 1. Qg6+! Q:g6 2. Rh4#.

No.8 Pillsbury. 1... Qf1+! 2. Bg1 Qf3+
3. B:f3 B:f3#.

No.9 Greco. 1... Nf2+ 2. Ke1 Nd3+ 3.
Kd1(3. Kf1 Qf2#) Qe1+ 4. N:e1
Nf2#.

No.10 Stoltz-Pilnik, Stockholm 1952.
1... Rh3+ 2. Kf4 Rf3+ 3. Q:f3
Qe5#.

No.11 1... Kf1 2. R:h3 Ng4△Nf2#.

No.12 Matulovich-Ivkov, Yugoslavia
1958. 1. Rc8+(1... K:c8 2. Qc7#)
B:c8 2. Qc7+ Ka7 3. Q:a5+ Kb8
4. Bc7#.

◆ 지대와 라인의 해방

No.1 Bogoljubow-Capablanca, Bad
Kassingen 1928. 1... Nc5+ 0:1(2.
R:c5 e4#).

No.2 1. Re8+ K:e8(1... B:e8 2. Qg7#)
2. Qe7#.

No.3 1. f6+ B:f6 2. Nf5+ △ 3. N:d4+
±.

No.4 Byrne-Korchnoi, Sousse 1967.
1... Ra1+ 0:1(2. N:a1 Qa2#).

No.5 1. Qf6+ B:f6 2. Nf7#.

No.6 Smyslov-Szabo, Hastings 1955.
1. c6(△c7) ef+ 2. B:f4 bc 3.
Nc5+ Kd6 4. N:b3±.

No.7 1. b6 ab 2. Nb5×Bc3.

No.8 Pokorny-Berdtsson, Hamburg
1930. 1. Rh8+ 1:0(1... B:h8 2.
Qh7+ Kf8 3. Qf7#).

No.9 1. Nd7 Q:d7(1... N:d7 2. Q:g7#) 2.

B:f6 g6 3. Qg5 △ Qh6-g7#.

No.10 1. Qh8+ K:h8 2. Bf6+ Kg8 3. Rd8+ Be8 4. R:e8#.

No.11 Romanovsky-Rabinovich, Moscow 1935. 1. Bb5 Q:b5 2. R:h7+ K:h7 3. Qh5+ Bh6 4. Q:h6#.

No.12 Alekhine-Shishko, Moscow 1919. 1. R:f5 K:f5 2. g4+ K:g4 3. Kg2 1:0.

Qe5 f2+! 4. Q:e4 f1Q 5. R:f1 Q:f1#) R:f2! 4. Rgf1 Q:f1+!! 0:1(5. R:a1 f2#).

No.11 Khmelnitsky-Kabiatansky, USSR 1989. 1. Nf5!! 1:0(1... Qd7 2. N:e7+ Q:e7 3. Q:c8+;1... ef 2. Q: c8+ N: c8 3. Re8#).

No.12 Karpov-Taimanov, Leningrad 1977. 1. Ng3+!! 0:1(2. Q:g3 N:b1- +; 2. hg Ra8!△Rh8#).

◆ 라인과 대각선의 해빙

No.1 1. N:g6+ hg 2. Rh1+-.

No.2 1. Q:h5! gh 2. Bh7#.

No.3 1. Q:h7+! K:h7 2. Rh1+ Bh4 3. R:h4#.

No.4 1. Q:h5+ gh(1... Kg7 2. Qh6#) 2. Rh6#.

No.5 1. Qg5+ fg(1... Kh8 2. Qg7#) 2. Nh6#.

No.6 1. Nb5+! cb 2. Nb7#.

No.7 Chekhover-Lutikov, USSR 1951. 1... R:h2+! 2. K:h2 Qh6+ 3. Kg1 B:d4+ 0:1(4. cd Q:a6-+).

No.8 Maleshic-Mashic, Yugoslavia 1965. 1. R:g6 fg(1... hg 2. Qh8#; 1... h6 2. B:f7+ Kh7(2... K:f7 3. Qe6#) 3. Qf5#) 2. Qe6# .

No.9 1... Q:a2+! 2. K:a2 Ra8+ 3. Ba3(3. Na3 Ndb4+ 4. Ka1 R:a3#) Ncb4+ 4. N:b4 N:b4#.

No.10 Naumov-Petrushansky, USSR 1990.1. R:e3! 2. fe Be4! 3. Rf2(3.

◆ 지대의 점령

No.1 Pares-Benko, Olot 1971. 1... Qf4+ 2. N:f4(2. Kh3 Q:f3#) 2... ef#.

No.2 Nej-Gurgenidze, USSR 1968. 1... Nhf4+ 2. gf N:f4+ 3. Kf1 N:e2∓ (4. K:e2 Q:h2+ 5. Ke3 Q:b2∓).

No.3 Huarez-Scweber.1... Q:a2 2. R:a2 ba-+.

No.4 Larsen-Unzicker, Santa Monica 1966. 1... Qh3 2. K:g1 Bh2+ 3. Kh1(3. Kf2 Qg3+ 4. Kf1 Qg1#) Bg3+ 4. Kg1 Qh2+ 5. Kf1 Qh1#.

No.5 Pachman-Barcza, Saltsjobaden 1952(var). 1. Qd4 N:h1 2. Rg6 Qh5 3. Q:g7#.

No.6 Slonim-Rjumin, Moscow 1932. 1... Re2! 2. B:e2 Ne4 0:1(3. Qc4 Qa1#).

No.1 1. Qg3+△ 2. N:d8+−.

No.2 Tarrash−Blackburn, Manchester 1890. 1. Nh6! Q:h3(1... Re7 2. Q:e6 R:e6 3. Nf7+ Kg8 4. N:d8 ±) 2. N:f7+ Kg8 3. gh±.

No.3 1... Ng5 2. Q:g6 N:f3+ 3. B:f3 hg ∓.

No.4 Chekhover−Kann, 1933. 1. Qd5+! 1:0(1... R:d5 2. B:d5+ Kh8 3. R:a2+−).

No.5 1. Rc8! Q:e3 2. R:d8+ Kf7 3. fe+−.

No.6 1. Nf6! Q:d2(1... N:f6 2. gf+ K:f6 3. Q:d7+−) 2. N:e8+! R:e8 3. R:d2±.

No.7 Steiniz−Girschfeld, 1863. 1. Nh5! Q:d3 2. N:f6+ 1:0(2... Kg7 3. cd ±).

No.8 Soloviev−Petrosian, Moscow 1950. 1... R:g2 2. Q:f6 Rg1+ 3. Ke2 R:e1+ 4. R:e1 N:f6∓.

No.9 1. N:b6 N:b6 2. N:a2 N:d5 3. ed Q:a2 4. c4±.

No.10 1. Rd8+! Kg7 2. Rd5 Bf6 3. Bf8+! K:f8 4. R:b5±.

No.11 1... Qf5 2. Q:f5(2. kg2 Q:f3+ 3. K:f3 R:d1−+) 2. R:d1+ 3. Kg2 gf−+.

No.12 1... Q:d1! 2. Q:b4! Q:f3! 3. Q:e7 Q:f4∓.

No.1 1... Qe6+ 2. Ka1(2. Ka3 Qb3#) 2... Qe1+△Q:f2+−.

No.2 Troitsky. 1930. 1. Nf4+ Ke5 2. Ng6+ Kd5 3. Ne7+ Ke5 4. N:c6+ Kd5 5. N:d8+−.

No.3 Troitsky, 1925. 1. Qd4+ Kb1 2. Qd3+ Kb2 3. Q:b3#.

No.4 1. Qe5+ Kh1 2. Qe4+ Kh2 3. Qf4+ Kh1 4. Qf3+ Kh2 5. Qf2+ Kh1 6. Qg1#.

No.5 Troitsky, 1930. 1. Nc6+ Kb5 2. Nd4+ Kb4 3. Nf3 K:b3 4. f8Q+−.

No.6 Troitsky, 1897. 1. f8N+! Kg5 2. Ne6+ Kg6 3. Nf4+ Kg5 4. Nh3+ Kg6 5. N:g1+−.

No.1 Muchnik−Voronkov, Moscow 1948. 1. Qa4+! R:a4 2. c8Q#.

No.2 1. R:d4! R:d4(1... ed 2. Q:e7++−) 2. b8Q+−.

No.3 Filipov−Kaikandzozov, Sofia 1958. 1... Rd1+! 2. K:d1 ef 0:1 (3. Rd6+ K:c5△f1Q+−+).

No.4 1... Rc1! 2. R:c1 f1Q+ 3. R:f1 R:f1#.

No.5 Medina Garcia−Tal, Palma de Majorca 1966. 1... Q:f3+ 2. K:f3 0:1 (2... Ne3! 3. K:e3(3. Kf2 h2△ h1Q−+) h2△h1Q−+).

No.6 Tolush−Ravinsky, Leningrad

1950. 1. Nc6! Q:e2(1... Q:d4+ 2. cd bc 3. Re8+ R:e8 4. deQ#; 1... bc 2. Re8+ R:e8 3. deQ#) 2. K:e2 bc 3. Qe5 1:0(3... Kf8 4. Qd6+ Kg8 5.Qe7+-).

№7 Tchigorin-Yankovich, Moscow 1899. 1. Ba7+! R:a7 2. R:a7 1:0 (2... K:a7 3. b8Q++-).

№8 1... Rc1+ 2. R:c1 Re1+! 3. K:e1 bcQ+-+.

№9 1. Rb2! R:b2(2... R:c7 3. R:e2+-) 2. c8Q+-.

№10 Zamikhovsky-Rozerkranz, Moscow 1931. 1. Q:c8! 1:0(1... R:c8 2. Re8+ Qf8 3. R:c8 Q:c8 4. f8Q++-).

№11 Stahlberg-Menchik, Moscow 1935(var). 1... Q:b3!! 2. ab a2 3. Qf1 B:c3 4. Q:f5 a1Q+-+.

№12 Florian-Koska, Brno 1950. 1. Qc4+! R:c4(1... Kg7 2. Q:c8 Q:c8 3. R:c8 R:c8 4. e8Q+-.) 2. R:e8+ Kg7 3. Rg8+ 1:0(3... K:g8 4. e8Q+ Kg7 5. Re7#).

◆ 쭉쯔방

№1 1. Kf7! h6 2. K:g6(2. gh? Kh7=) hg 3. hg+-.

№2 1. a4!(1. a3 b5-+) b5 2. ab Kh7 3. Q:f7+-.

№3 1. Rh8! Kd6 2. Kb6 Rd7 3. a7△ a8Q+-.

№4 Sili-Balog. 1... Kh7! 2. Qd6(2. g4

Qh2#) Q:d4#.

№5 Tchigorin-Shiffers, St. Petersburg 1900. 1. Rg5! a4(1... b4 2. c4 a4 3. ba b3 4. a5+-) 2. b4 a3 3. ba+-.

№6 Morphy. 1. Rh6! gh(1... Be6 2. R:h7#) 2. g7#.

◆ X선

№1 1. Q:c8+! R:c8 2. R:c8+ Qf8 3. Ree8+-.

№2 1. Qe5+! B:e5 2. B:e5#.

№3 Kursova-Vasilevich, Nojabrsk 2005. 1... Qe1+! 0:1(2. R:e1 R:e1#).

№4 Euwe-Loman, Amsterdam 1923(var). 1. Qh8+ B:h8 2. R:h8#.

№5 Bogoljubov №№, 1935. 1. Bc5! Q:e2 2. R:e7+ Q:e7 3. R:e7#.

№6 Alekhine-Nestor, Trinidad 1939. 1. Rc8! Q:d7(1... R:c8 2. Qe7 Q:e7 3. dcQ++-) 2. Qf8+! 1:0(2... R:f8 3. R:f8#).

◆ 비김수

№1 1. Qf4+! Q:f4 =.

№2 Jakubovsky-Jakubiec, Szestochowa 1998. 1. Qg8+! K:g8 1/2:1/2.

No.3 Fridman-Patterson,
Johannesburg 1962. 1. Q:h6+!
K:h6 2. g5+ Kh7 1/2:1/2.

No.4 del Rio, 1750. 1. Qf8+ Ka7 2.
Qc5+! Q:c5=.

No.5 Pogosjants, 1964. 1. Kg5 Qg2+
2. Kh6! Q:g8=.

No.6 1. Qc2+ Q:c2 2. Rh5+ Kg6(2...
Kg8 3. Rh8+ K:h8) 3. Rg5+
Kh6 4. Rh5+ Kg6 5. Rg5+ = .

◆ '영원한 체크'

No.1 1... Nf3+! 2. gf Qg3+ 3. Kh1
Q:h3+ 4. Kg1 Qg3+ 5. Kh1 Qh3+
=.

No.2 1... Q:g3+ 2. hg Rh1+ 3. Kf2
Rh2+ 4. Kg1 Rh1+ 5. Kf2 Rh2+=.

No.3 Geller-Gurgenidze, USSR 1958.
1. B:f6! ef(1... Q:f6 2. Qg8#; 1...
K:f6 2. Qg6#) 2. Qf7+ Kf8 3.
Qd8+ 1/2:1/2.

No.4 1. Q:f8+! R:f8 2. Bf5+! Kg8 3.
Bh7+ Kh8 4. Bf5+ =.

No.5 Nedvetsky-Kelten, Outsburg
1955. 1. Rf2! R:f2 2. Qh5+ Kg8
3. Qe8+ Kh7 4. Qh5+ Kg8 5.
Qe8+ 1/2:1/2.

No.6 Sallau-Sakharov, 1974. 1. Qh6+!
K:h6 2. Rh3+ Kg5!(2... Kg7 3.
R:h7#) 3. N:h7+ Kg4 4. Rg3+ Kf4
5. Rf3+ Kg4 6. Rg3+ Kh5 7.
Rh3+ Kg4 8. Rg3+ Kh5 9. Rh3+
Kg4 10. Rg3+

◆ 킹의 추출

No.1 Lutikov-Petriaev, USSR 1970. 1.
Q:h7+ K:h7 2. Rh6#.

No.2 Vilenin-Zavada, Sofia 1952. 1.
R:h6+ K:h6 2. Qg5+ Kh7 3.
Qh5#.

No.3 1. Ne7+ Kh8 2. Q:h7+ K:h7 3.
Rh3#.

No.4 Alekhine-Lasker, Zurich 1934. 1.
Rf5+ Kh8 2. Q:g6! 1:0(2... hg 3.
Rh3+ Nh6 4. R:h6#).

No.5 Levenfish-Rjumin, Moscow
1936(var). 1. Nf6+ gf 2. ef
Re8(2... Qg4 3. Q:f8+ K:f8 4.
Rd8#) 3. Qg3+ Kf8 4. Qg7#.

No.6 Dubois-Steinitz, London 1862.
1... Nf3+ 2. gf(3. h3 R:h3 4. Rfe1
Rh1#) B:f3 3. hg Rh1#.

No.7 Geller-Papovlou, Amsterdam
1954. 1. Ne6! 1:0(1... fe 2. R:g4+
Kf7(2... N:g4 3. Qh7#) 3. Qg6#).

No.8 Marshall-Petrov, Hamburg 1930.
1. R:c5! 1:0(1... Q:c5 2. Qh4 h5
3. Q:h5+ Kg7 4. Qh7#).

No.9 Arnold-Tchigorin, S. Petersburg
1885. 1... Q:g2+ 2. K:g2 Bf3+ 3.
Kf1(3. Kg3 Bf2#) Nh2#.

No.10 Marko-NN. 1. Nc6+ bc 2.
Q:a7+! K:a7 3. Ra1+ Kb6 4.
Rhb1+ Kc5 5. Ra5#.

No.11 Botvinnik-Keres, 1948. 1. R:g7+!
K:g7 2. Nh5+ Kg6(2... Kf8 3.
N:f6 N:f6 4. Q:f6 Ke8 5. Bb5+
Bd7 6. Qh8#) 3. Qe3 1:0 (3...
K:h5 4. Qg5#).

№12 Rossolimo-Riceman, Puerto
Rico 1967. 1. Qg6! Qc2(1... fg 2.
N:g6+ hg 3. Rh3#) 2. Rh3!
1:0(2... Q:g63. N:g6+ fg 4. R:h7#;
2... h6 3. R:h6+ gh 4. Q:h6+ Qh7
5. Q:h7#).

◆ 연습

№1 Kim-Kozlov, Moscow 2001. 1.
Bc4+bc2. Q:a3 1:0.
№2 Kim-NN, Internet 2005. 1. Qd5+
1:0.
№3 Kim-NN, Internet 2004. 1. Nd4+
Kf7 2. N:c2 1:0.
№4 Kim-NN, Internet 2004. 1. Nh6+
Kh8 2. B:g7#.
№5 Ivanova-Bystrjakova, S.
Petersburg 2005. 1. R:d7+! R:d7
2. R:b8 1:0.
№6 Starikov-Kim, S. Petersburg
1996. 1. b3! Q:a3 2. R:d4± .
№7 Kim-Kozlov, Moscow 2001. 1...
B:h2+ 0:1(2. K:h2 Q:f1-+).
№8 Guseva-Nazarova, Nojabrsk
2005. 1. Ng4! 1:0(1... N:g4 2.
Qh7#).
№9 Andreikin-Nepomniashchi,
Nojabrsk 2005. 1... Rf1! 0:1(2.
Rb8+ Kh7 3. d7 Q:h2#;2. Q:f1
Q:h2#).
№10 Adams-Dimitrov, 1993. 1. Qh3+
Q:h3 =.
№11 Kim-Dobrotin, Moscow 2000. 1.

Q:c6 Q:c6 2. Ne7+ Kh8 3.
N:c6+-.
№12 Dushenok-Korchagina, S.
Petersburg 2005. 1. Qd8+ Rf8 2.
Q:f8#.
№13 Kim-NN, Internet 2004. 1.
Q:d5+ Q:d5 2. Nf6+ Kf7 3.
N:d5+-.
№14 Pogonina-Vasilevich, Nojabrsk
2005. 1... Nh3+! 2. gh Rg8 0:1.
№15 NN-Kim, Internet 2004. 1...
Rb2+ 2. R:b2 h1Q-+.
№16 Alekhine-Munios, Sabadell
1945. 1. Nf5 Q:g4 2. Nh6#.
№17 Euwe-Tomas, Gastings
1934/1935. 1. Bd5 1:0(1... R:d5 2.
R:f8#;1... R:f22. Qg8#).
№18 Malysheva-Aseeva, S.
Petersburg 2005. 1. N:e6 fe 2.
R:e4 1:0.
№19 Kim-Sofirov, Moscow(var). 1.
R:e8+ Q:e8 2. B:f6+-.
№20 Kim-Babikov, Moscow 1997. 1.
R:e6! R:f3(1... Q:e6 2. B:d5+-) 2.
gf Q:e6 3. Q:e8+ 1:0.
№21 Kim-Vlasenko, Moscow 1997. 1.
Nd6 Qg6(1... B:d6 2. Q:g7#) 2.
Q:g6 hg 3. N:c8±.
№22 Bensenouci-Kim, Chalkidiki
2000. 1... Rf1+! 0:1(2. R:f1 Qe4+
3. Kg1 Qg2#).
№23 Gunina-Nebolsina, Nojabrsk
2005. 1. Rg1! B:f4 2. Rf2 Rf8 3.
Rgf1 1:0.
№24 Kim-NN, Internet 2004.
1. R:g7+! Kh8(1... K:g7 2. R:g3+ Kh8

3. Q:e4+−) 2. Rg:g3+−.

№25 Gorjkavyj−Kim, S. Petersburg
1997. 1. R:d7! Q:d7 2. B:f6 g6 3.
Qf4±.

№26 Kim−NN, Internet 2005. 1.
Bb5+! 1:0(1... Q:b5 2.Qd8#).

№27 Vasilevich−Dzabrailova,
Nojabrsk 2005. 1. R:d7! R:d7 2.
R:d7 Q:d7 3. Q:g5 1:0.

№28 NN−Kim, Internet 2005. 1...
R:f3! 2. R:f3 Q:h2+ 3. Kf1 Qh1#.

№29 Zaverbny−Gumelis, Belgium
1953. 1. Nf7! K:f7 2. de+ K:e6 3.
B:b7+−.

№30 Janturin−Kim, Internet 2005.
1... Rcd8 2. Rd3 Qc2 0:1.

№31 Spassky−Bronshtein, USSR
1961(var). 1. Qh7+!! N:h7 2.
Bb3+ Kh8 3. Ng6#; 1. R:f8+ K:f8
2. Ng6+ Kf7(2... Kg8 3. Bb3+
Kh7 4. Ne5+ Kh8 5. Nf7++−) 3.
Bb3+ Be6 4. Ne5++−.

№32 NN−Kim, Internet 2004. 1...
R:d4! 2. R:d4 N:f3+△N:h2 0:1.

№33 Guseva Fominykh, Nujabrsk
2005. 1. Ne7+!(1... B:e7 2. Qf7+
Kh8 3. Qf8+! B:f8 4. R:f8#).

№34 Kim−NN, Internet 2005. 1.
N:f6+! gf 2. Q:f6±.

№35 Morphy−Thompson, New York
1860. 1. Nd8+!! Q:d5 2. Re8#.

№36 Holms−Tonner. 1. N:d7+!! N:e2
2. Nf6#.

№37 Kim−Bushmarinov, Moscow.1.
R:h7+! Q:h7 2. Q:c8+ Rg8 3.
R:c7! 1:0(3... R:c8 4. R:c8+ Qg8

5. R:g8++−).

№38 Lukjanenko−Kim. 1. Ng6+! fg 2.
hg Rfe8 3. R:h7+ Kg8 4. Rg4
Kf8 5. Qh2(△Rf4) 1:0(5... e5 6.
Nf5+−).

№39 Kurnosov−Kuznetsov, Nojabrsk
2005. 1. Rb3 Qc6 2. R:d7+! Q:d7
3. Rb7 1:0.

№40 Gromova−Dushenok, S.
Peresburg 2005. 1... c4! 2. Q:c4
R:e4 3. Nd4 R:f4−+.

№41 Shterenberg−Gulnin, USSR
1968. 1. R:f5! gf 2. Q:h5+ R:h5
3. Bf7#.

№42 Urusov−Kalinovsky, S.
Petersburg 1880. 1. Qg5+! fg 2.
Nh6+ Kh8 3. Bb2+ Rf6 4. B:f6#.

№43 Netzer−Kim, Heraklion 2005.
1... R:g2! 2. R:g2 Qb1+ 3. Rg1
Q:e4+ 4. Rg2 Rb8!△Rb1# 0:1.

№44 Babushkin−Postnikov, 1970. 1.
e8N!! h1Q 2. Nc7+ Ka7 3. N:b5+
Ka6 4. Nc7+ Ka7 5. Nb5+=.

№45 Donets−Ivanova, S. Peresburg
2005. 1. B:g7! N:g7 2. Qh6 Bf6
3. R:g7+! B:g7 4. Rg1 1:0.

№46 Korchagina−Iodo, S. Peresburg
2005. 1. R:g4! hg 2. f5! Kg8 3.
Q:h6 Qd4 4. f6 1:0.

№47 NN−Kim, Internet 2005. 1...
B:a4! 2. ba b3 3. Qb6 b2−+.

№48 Kim−Khamzin, Heraklion 2005.
1. Nc6! Rc7(1... Q:c6 2. Qa8+
Kg7 3.Qf6+ Kh6 4.Qh4+ Kg7
5.Rf7+△Qh7#) 2. e7 1:0(2... R:c6
3. Rf8+ Kg7 4. R:e8 Q:e8 5.

Qf8+ Q:f8 6. efQ#).

№49 Brinkman-Alekhine, Triberg
1921. 1... Qf3 2. B:f3 ef 3. Rd7+
K:d7 4. Qd3+ Ke8-+△Rh1#.

№50 Kim-Krapivin, Moscow 2001.1.
Nh6+ 1:0(1... gh 2. Qh8+ K:h8
efQ#).

역대 세계 체스 챔피언(남성)

체스의 역사는 1500년이 넘지만, 체스 세계 챔피언이라는 칭호를 두고 경기를 하는 것은 19세기 후반에 와서야 시작되었다.

- 최초의 공식적인 칭호를 획득한 사람은 1886년에 오스트리아의 W. 스타이니쯔(1836-1900년)이다. 대회는 미국에서 있었다.
- 1894년 미국과 캐나다의 대회에서 독일의 E. 라스커르(1868-1941년)가 새 세계 챔피언이 되었다.
- 1921년 쿠바에서 열린 대회에서 쿠바의 H. R. 카파블랑카(1888-1942년)가 새 세계 챔피언이 되었다.
- 1927년 아르헨티나에서 열린 대회에서는 러시아 출신의 A. A. 알료힌(1892-1946년)이 새 세계 챔피언이 되었다.
- 1935년 네덜란드에서 열린 대회에서 네덜란드의 M. 웨베(1901-1981년)가 새 세계 챔피언이 되었다.
- 1948년 M. M. 보트비니크(1911-1995, 구 소련, 러시아), 개최지는 네덜란드, 소련.
- 1957년 B. B. 스미슬로프(1921, 구 소련, 러시아), 모스크바에서 열렸다.
- 1960년 M. 탈(1936-1992, 구 소련, 라트비아), 모스크바에서 열렸다.

-1963년 T. 페트로샨(1929-1984, 구 소련), 모스크바에서 열렸다.

-1969년 B. V. 스파스키(1937)(구 소련, 프랑스), 모스크바에서 열렸다.

-1972년 R. J. 피셔(1943)(미국), 아이슬란드에서 열렸다.

-1975년 A. E. 카르포프(1951)(구 소련, 러시아).

-1985년 G. K.카스파로프(1963)(구 소련, 러시아), 모스크바에서 열렸다.

-2000년 V. 크램니크(1975)(러시아), 영국에서 열렸다.

저자 소개

김 알렉세이는 1986년 4월 5일 우즈베키스탄의 수도 타쉬켄트에서 태어나 1988년부터 러시아의 모스크바에서 살고 있다. 그는 네 살 때 할아버지인 니꼴라이로부터 체스를 배웠다. 여섯 살 때부터 올림픽 청소년 체육학교에서 빅토르 쵸르니 코치와 훈련했으며, 그 후 체스 그랜드 매스터인 발레리 체호프와 훈련을 하고 있다. 2003년부터 러시아 국립 체육대学의 체스 학과에서 공부하고 있다.

1993년부터 정기적으로 모스크바 선수권 대회 청소년 부문에 참가했으며, 1996년부터는 러시아 선수권, 그리고 1998년부터는 세계 선수권과 유럽 선수권에 참가하고 있다. 1997년에 모스크바 챔피언이 되었으며, 2002년에는 러시아 선수권에서 청소년 부문 9위를 차지했다.

1998년 스페인에서 열린 세계 선수권 대회에서 100명의 참가자 중 15위를 차지했다. 2000년 그리스에서 열린 유럽 선수권에서 10위를 차지했다. 2002년 스페인에서 열린 세계 선수권에서 18위를 차지했다. 2004년 터키에서 열린 유럽 선수권에서 7위를 차지했다. 같은 해 그리스에서 있은 세계 선수권 대회에서 15위를 차지했다.

1993년 1급을 받았고, 1996년에 마스터 후보가 되었다. 2000년 국제체스연맹의 마스터 칭호를 받았고, 2001년 국제체스연맹으로부터 국제 마스터 칭호를 획득했고, 2003년 말, 국제 그랜드마스터 자격 기준에 도달하여, 2004년에는 명예로운 칭호인 국제 그랜드마스터 칭호를 수여받았다.